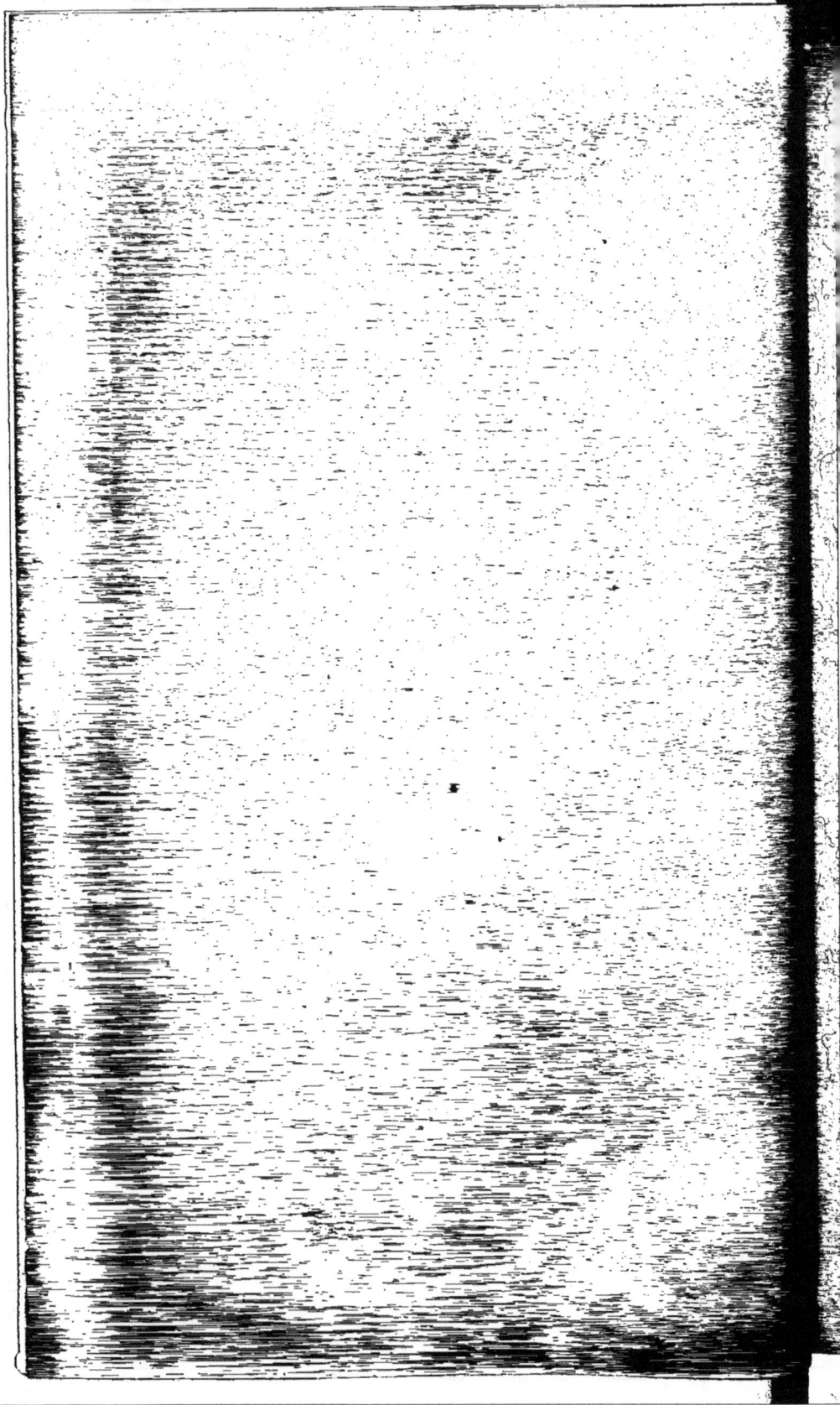

*Voyage d'*Études

*en* Tunisie

(10-28 Avril 1900)

Par R. REY

INSPECTEUR D'ACADÉMIE DE L'ISÈRE

52 Photographies d'après nature

PARIS

LIBRAIRIE CH. DELAGRAVE

15, RUE SOUFFLOT, 15

# Voyage d'Études

## en Tunisie

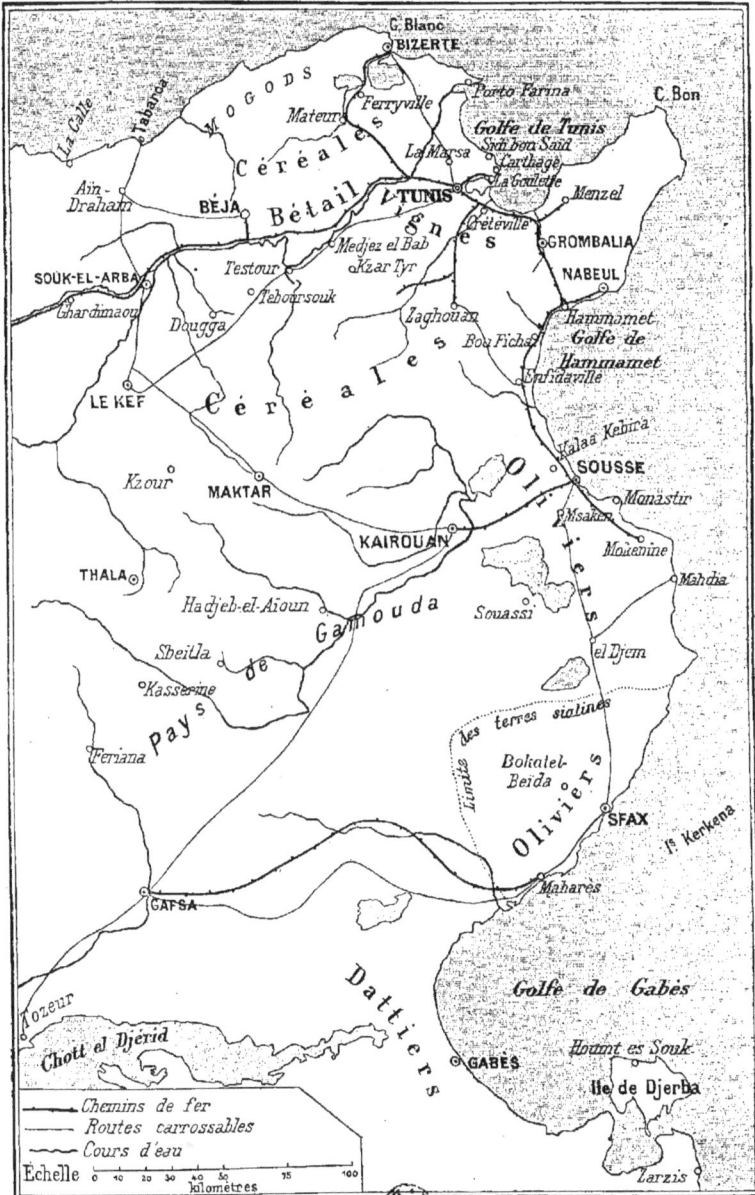

G. Blanc
BIZERTE
MOGODS
Mateur    Ferryville    Porto Farina    C. Bon
Céréales
La Calle    La Marsa    Golfe de Tunis
Sidi bou Saïd
Tabarca    Carthage
Aïn-    Bétail    TUNIS    La Goulette    Menzel
Draham    BÉJA    Crèteville
g    GROMBALIA
n    Medjez el Bab    e    s
SOUK-EL-ARBA    Testour    Kzar Tyr    NABEUL
Ghardimaou    Teboursouk    Zaghouan    Hammamet
Dougga    Bou Ficha    Golfe de
LE KEF    Céréales    Enfidaville    Hammamet
O    Kalaâ Kebira
Kzour    MAKTAR    l    SOUSSE
i    Monastir
KAIROUAN    v    P. Msaken
THALA    i    Moknine
Hadjeb-el-Aïoun    e    Mahdia
Gamouda    Souassi    r
Sbeïtla    de    s
Kasserine    el Djem
Pays    limite des terres salines
Feriana    Bokalet-    Beïda    Oliviers
SFAX    Is Kerkena
GAFSA    Maharès
Dattiers    Golfe de Gabès

Tozeur
Chott el Djérid    Houmt es Souk
GABÈS    Ile de Djerba

——— Chemins de fer
——— Routes carrossables
∿∿∿ Cours d'eau
Echelle  0  10  20  30  40  50      75      100
kilomètres

Zarzis

# Voyage d'Études
# en Tunisie
## (10-28 Avril 1900)

## Par R. REY

INSPECTEUR D'ACADÉMIE DE L'ISÈRE

**52 Photographies d'après nature**

## PARIS
## LIBRAIRIE CH. DELAGRAVE
### 15, RUE SOUFFLOT, 15

A

 M. BAYET

DIRECTEUR DE L'ENSEIGNEMENT PRIMAIRE

*HOMMAGE RESPECTUEUX*

R. REY.

Grenoble, le 29 juin 1900.

# BIBLIOGRAPHIE SOMMAIRE DE LA TUNISIE

## I

### COLONISATION

*La Tunisie. Agriculture. Industrie. Commerce.* Berger-Levrault (2 vol. en cours de réimpression).

*L'École coloniale d'agriculture de Tunis.* Tunis, 1899.

WOLFROM. *Les pêches maritimes et la chasse de la Tunisie.* Bordeaux, 1899.

PAUL BOURDE. *Rapport sur la culture de l'olivier.* Tunis, 1899.

SANSON. *La production animale en Tunisie.* Tunis, 1898.

SAURIN. *Le peuplement français en Tunisie.* 1899.

RENÉ MILLET. *La colonisation française en Tunisie.* Conférence faite à Châlons-sur-Marne et à Reims les 21 et 22 octobre 1899.

WOLFROM. *Exemples de combinaisons agricoles en Tunisie.* 1900.

*Excursion des élèves de Grignon en Tunisie.* Paris, 1899 (Extrait du Bulletin de l'Association des anciens élèves de Grignon).

WOLFROM. *Une femme colon dans les Mogods.* Dijon, 1899.

FALLOT. *La situation économique de la Tunisie.* Marseille, 1899.

*Notice sur la Tunisie.* Tunis, 1899.

## II

### RENSEIGNEMENTS D'ORDRE GÉNÉRAL

*Rapports au Président de la République sur la situation de la Tunisie en 1897.* Paris, Imprimerie Nationale, 1898.

*Conférences sur les administrations tunisiennes.* Sousse, 1899.

LANESSAN (DE). *La Tunisie.* Alcan, éditeur (épuisé).

*L'Indicateur tunisien.* Annuaire de la Régence et des administrations, 1899.

MACHUEL. *L'enseignement public en Tunisie.* Tunis, Imprimerie Rapide, 1900.

MACHUEL. *L'arabe sans maître,* ou Guide de la conversation arabe, A. Colin, éditeur, Paris.

MACHUEL. *Méthode d'arabe parlé.* A. Jourdan, éditeur, Alger.

## III

### HISTOIRE

*La Tunisie, histoire et description*. 2 vol., Berger-Levrault, 1896.
La *France en Tunisie*. Paris, Delagrave, 1897.
H. LORIN. *Promenade en Tunisie*. Paris, Hachette, 1896.
LOTH. *Histoire de la Tunisie*. A. Colin, 1895.
CAGNAT et SALADIN. *Voyage en Tunisie*. Paris, Hachette, 1894.
G. YVER. *Esquisse d'une histoire du bassin de la Méditerranée*, 1898.

## IV

### ARCHÉOLOGIE

BOISSIER. *L'Afrique romaine*, Paris, Hachette, 1895.
TOUTAIN. Les *cités romaines d'Afrique*. Thèse, Paris, 1895.
BOUTROUE. *L'Algérie et la Tunisie à travers les âges*. Paris, Leroux, 1893.
GAUCKLER. *L'Archéologie de la Tunisie*, in-12.
—     *Les Monuments historiques de la Tunisie*, in-4. 2 vol., Tunis, 1898-1899.
—     *Enquête sur les installations hydrauliques romaines en Tunisie*, 3e fascic., 1898.
Dr CARTON. *Un édifice de Dougga*. Paris, 1897.
—     *De Tunis à Dougga*, in-8. Lille, 1893.
—     *Le Temple de Saturne de Dougga*. Tunis, 1898.
—     *La restauration de l'Afrique du Nord*. Bruxelles, 1898.
—     Société des Sciences de Lille, 6 janvier 1899. *Fouilles de Dougga*.
—     *Deux jours d'excursion en Tunisie*. Lille, 1891.
—     *Étude sur les travaux hydrauliques des Romains en Tunisie*. Tunis, 1897.
LALLEMAND. *La Tunisie*, 1892.
—     *Tunis et ses environs*, 1890.
TISSOT (Charles). *Géographie comparée de la Province romaine d'Afrique*, 2 vol. in-4. Imprimerie Nationale, Paris, 1884.

# PRÉFACE

Au mois d'avril dernier, M. René Millet, Résident général à Tunis, organisait avec le concours du ministère de l'Instruction publique un voyage d'études à travers la Régence. Apôtre ardent et convaincu de la colonisation de peuplement en Tunisie, universitaire de cœur et de tradition, le représentant de la République française a voulu, cette fois, faire appel aux instituteurs, ces semeurs d'idées, suivant sa propre expression, qui, par leur contact permanent avec nos populations rurales, par l'influence morale dont ils jouissent, sont plus particulièrement qualifiés pour faire connaître aux cultivateurs pauvres de nos villages les richesses agricoles d'une possession que la rapidité des moyens de transport met à trente heures de notre grand port méditerranéen. Développer notre influence parmi les populations indigènes, établir et répandre le progrès et la colonisation, créer un courant commercial entre la métropole et la Tunisie, enfin peupler le sol par nos nationaux en l'exploitant avec nos capitaux pour aider ainsi à l'accroissement de la richesse nationale, tel doit être le but final de notre installation dans la Régence ; et on ne saurait le comprendre autrement. C'est à cette tâche ardue mais éminemment française, que s'est appliqué depuis six ans M. René Millet et qu'il poursuit sans trêve ni merci par tous les moyens, avec cette assurance sereine que donne la certitude du succès.

Une colonie qui, après moins de dix-huit ans d'occupation, a su équilibrer son budget et faire face à toutes ses dépenses sans rien demander à la métropole, qui a créé tout un réseau de routes, construit près de 1000 kilomètres de chemins de fer, creusé et rendu accessibles aux navires de fort tonnage quatre grands ports, qui a quintuplé sa production oléifère et vinicole, qui a donné à ses habitants la sécurité et la justice, n'est-elle pas un pays d'avenir, et désespérer de sa fortune, ne serait-ce pas désespérer de la France? Je sais bien que des impatients, à qui la critique est facile, ne cessent de répéter que les Romains, dans l'œuvre de colonisation en Afrique, nous sont infiniment supérieurs; qu'ils y ont fait œuvre vraiment créatrice et que, tout en nous efforçant de les imiter, nous ne les égalerons jamais. A ceux-là je répondrai brièvement que Rome a mis près de cinq siècles pour amener le pays à cet épanouissement de civilisation dont les vestiges épars nous frappent encore d'étonnement; qu'entre les indigènes et nous il y a des antagonismes religieux que l'antiquité ne connaissait pas; qu'enfin Rome, dans l'expansion de sa puissance coloniale en Tunisie, ne rencontrait ni opposition, ni hostilité, ni dénigrement systématiques. Là, qu'on y prenne garde, est la différence et là est le véritable danger. Oublie-t-on donc que nous sommes en pays de protectorat, et que nous devons procéder avec tact et prudence? Oublie-t-on que Tunis est à une nuit de bateau de Palerme; que Pantellaria est à quelques heures de la Goulette; que les Italiens des provinces méridionales, les Siciliens notamment, ont toujours considéré la Tunisie comme un patrimoine national légué par leurs ancêtres, et que, ne pouvant y venir aujourd'hui par droit de conquête, ils y pénètrent par infiltration? A ceux qui seraient tentés de me taxer d'exagération, je dirais que depuis moins d'un an des syndicats puissamment armés pour la lutte, disposant de capitaux énormes, ont acheté à l'ouest de Tunis, sur la route du Kef, pour y faire des centres de peuplement avec leurs compatriotes, plus de 5000 hectares de terres meubles ou à demi défrichées; seul qu'un bateau a amené là, en un seul voyage, 125 familles siciliennes dont la journée de travail est tarifée à 1 fr. 50 et 2 francs par tête ; que, sur la route de Zaghouan, ces mêmes syndicats ont acquis 8500 hectares et 4700 sur la route du cap Bon. Une seule société a déjà dépensé 2 millions 500 000 francs pour allotir ces divers immeubles et les mettre en rapport. Si l'on ajoute que plusieurs de ces immenses domaines occupent des points stratégiques et que bien des doutes circulent sur l'état civil des nouveaux colons, on conclura qu'en adressant un appel aux paysans français et aux colons métropolitains, à quelque classe sociale qu'ils appartiennent, M. le Résident général ne fait pas seulement œuvre de patriotisme, il fait, avant tout, œuvre de défense nationale [1].

Ce n'est donc point, comme il le dit lui-même, une Tunisie « truquée » que nous allons visiter, mais une Tunisie vraie, telle que l'ont faite dix-huit années d'administration sous le régime du protectorat. Et M. René Millet, qui connaît sur le bout du doigt son archéologie tunisienne, nous dit encore qu'il entend faire servir le passé au présent, c'est-à-dire nous montrer par l'exemple ce que les Romains ont fait en Afrique, ce que nous-mêmes pouvons et devons faire dans ce pays qu'ils ont gouverné avant nous, nous faire profiter de leur expérience et de leurs leçons, et, en étudiant le passé, préparer l'avenir.

La caravane qui répondait à l'invitation de M. le Ministre Résident à Tunis comptait en tout cent deux membres. Quinze départements y étaient représentés, à raison de cinq instituteurs, moins la Marne et l'Isère, qui en avaient six. Le choix a porté sur les départements des régions montagneuses, de ressources agricoles modestes, et où la population indigène s'expatrie plus facilement : Ariège, Hautes-Alpes, Aveyron, Marne, Isère, Creuse, Cantal, Rhône, Loire, Haute-Loire, Bouches-du-Rhône, Savoie, Haute-Savoie, Jura, Haute-Vienne. Avec les délégués des instituteurs figuraient deux directeurs d'école normale, neuf inspecteurs

---

1. Ce travail était déjà imprimé quand a paru l'article si suggestif du *Temps* (6 août 1900) sur l'invasion italienne en Tunisie.

primaires, plusieurs professeurs d'écoles normales et d'écoles primaires supérieures et quatre inspecteurs d'académie. Enfin, par sa présence au milieu de nous, M. Bayet avait tenu à donner une preuve de plus de l'intérêt qu'il porte à tout ce qui touche aux personnes et aux choses de l'enseignement primaire.

En publiant ce compte rendu dans une Revue qui n'est point lue du grand public, nous avons voulu donner à ce travail son véritable caractère, qui est avant tout universitaire. Ce sont nos notes résumées au jour le jour, écrites en voiture ou en wagon. Il n'est rien dit que nous n'ayons vu et observé; c'est en somme un journal de voyage où tout le monde a collaboré et né d'une pensée commune entre des chefs, des collègues et des subordonnés qui n'envisagent que l'avenir et la richesse de la France.

# En mer. — L'arrivée à Tunis. — Le Bardo.
## Carthage.

*Marseille, midi.* — Nous venons de déjeuner à bord en échangeant les premières impressions avec nos compagnons de table

EN MER. SUR LE PONT DU CHANZY.
(Phot. de M. Reÿmond.)

accourus des quatre coins de la France. Le paquebot rapide *Général Chanzy*, l'un des meilleurs marcheurs de la Compagnie

Transatlantique, lève l'ancre, emportant toute la caravane universitaire. Il souffle depuis la veille un gros mistral, et la mer
houleuse déferle furieusement contre les jetées du port. Le bateau,
roulant et tanguant, gagné bientôt le large. Notre-Dame de la
Garde s'efface et disparaît; le pont, noir de voyageurs au départ
se vide peu à peu sous l'effet du roulis, et nous n'avons plus sous
les yeux que l'immuable horizon de la mer mouvante et le ciel
bleu. Le dîner est gai; la soirée se passe en causeries charmantes, et, malgré les sursauts et les heurts dans nos couchettes,

EN MER, EN VUE DE LA CÔTE D'AFRIQUE.
(Phot. de M. Accary.)

la nuit est généralement bonne. A l'aube, et à portée, s'allonge
en une ligne sans fin, sur la gauche, la côte de la Sardaigne avec
ses villas blanches, ses vertes prairies; un sémaphore, des forts
dominant la mer, quelques voiles, puis plus rien. Vers quatre
heures, la terre d'Afrique est signalée; c'est d'abord une ligne
imprécise, qui se profile à l'horizon, dans un vaporeux lointain;
puis la ligne s'accentue, les caps se dessinent, les falaises, les
phares avec autour quelques maisons groupées, des points blancs
qui sont des marabouts et des lignes blanches qui sont des villes.
Voici l'île-Plane, Porto Farina et ses forts, le cap Kamart,

la silhouette blanche de Sidi-bou-Saïd, sur ses escarpements rocheux, baignant dans les flots, l'antique colline de « Byrsa », avec la masse grandiose de sa cathédrale, œuvre du cardinal Lavigerie, et toute une mer de verdure où pointent çà et là, comme autant de taches blanches, des villas et des palais illuminés par les derniers rayons du soleil. — Cinq heures. Nous entrons dans le canal; des barques de pêche siciliennes nous saluent au passage. Le paquebot avance lentement entre les jetées; la nuit tombe peu à peu, le vent s'élève violent du nord-ouest et glacial. A sept heures, nous sommes à quai. M. le Résident général, accompagné de M. de Brancion, attaché militaire, vient nous saluer au seuil de son domaine. Sans perdre de temps, à travers une foule compacte de curieux qui couvre le quai, et dont l'accueil est des plus sympathiques, nous gagnons en voiture nos logements respectifs. La plus grande partie prend gîte au lycée Carnot; quant à nous, nous sommes installés au collège Alaoui, au haut de la ville, en plein quartier arabe.

Mercredi 10 avril. — Le Bardo. — Carthage.

Aussitôt debout, je monte sur les terrasses du collège Alaoui, d'où l'on embrasse tout le panorama de Tunis; une pluie fine et persistante n'a cessé de tomber durant la nuit; il vente frais, et le ciel s'est légèrement voilé de vapeurs grisâtres qui flottent au loin sur la campagne verte et sur la mer bleue. A mes pieds, la ville arabe, avec ses minarets, ses coupoles, ses marabouts, ses maisons blanches crépies à la chaux vive, me donne la première vision de l'Orient. Tout autour, des cimetières abandonnés, avec leurs tombes blanches dans une herbe épaisse tachetée de coquelicots et de boutons d'or, des pans de murs écroulés, des amoncellements de petites habitations aux terrasses uniformément plates, aux cours intérieures semblables à des puits d'où partent des cris confus, des appels durs et gutturaux, avec des va-et-vient de femmes et de fillettes qui vaquent à leurs occupations matinales, en jetant de temps à autre un regard méfiant vers le « roumi » qui, du haut de son belvédère, cherche à pénétrer les secrets de leur demeure. Çà et là des terrains vagues couverts

3

de ruines et de ronces inextricables, et au lointain, dans un brouillard couleur de boue, la colline de Carthage.

Mais déjà les voitures nous attendent pour nous conduire au palais du Bardo, où nous allons visiter les collections du musée Alaoui. Avec sa haute compétence, son affabilité charmante, M. Gauckler, directeur des antiquités, nous fait les honneurs de son domaine. C'est d'abord, dans le patio, les deux grandes mosaïques découvertes dans la villa des Laberii, les collections épigraphiques apposées aux murs; dans la salle des fêtes, la célèbre mosaïque d'Hadrumète, « Neptune sur un char attelé de chevaux marins, escorté de Tritons, de Sirènes et de Néréides ». Cette superbe pièce, découverte en 1886 par les officiers du 4ᵉ tirailleurs, à Sousse, a été transportée au musée Alaoui par les soins de M. de La Blanchère, un de ceux qui, avec son successeur, ont contribué le plus à arracher à la terre tunisienne les trésors qu'elle recouvre. Le musée du Bardo tient aujourd'hui le premier rang pour les mosaïques; il ne cesse de s'enrichir chaque année des découvertes faites sur toute l'étendue du sol de la Régence, poteries et lampes de Carthage, trois statues de femmes trouvées à Carthage dans une tombe. Nous admirons une fort belle statue de femme drapée découverte aux environs de Sousse, un buste de Vespasien et d'Agrippine, une tête de Vénus de Tebourba, des mosaïques tombales de Tabarca, et notamment deux pièces de premier ordre, dont le commentaire donné par M. Gauckler intéresse vivement les instituteurs : ce sont les mosaïques dites « virgiliennes », le portrait de Virgile et les adieux de Didon et d'Énée. Nous nous arrêtons aussi devant les curieuses mosaïques d'Enchir Mettich reproduisant les scènes journalières de la vie des champs dans un grand domaine africain au 1ᵉʳ siècle de notre ère, et où les colons modernes pourraient puiser de précieuses indications. Non content de concentrer au Bardo les antiquités de toute nature provenant des différents points de la Régence, M. Gauckler a annexé depuis 1898 au musée un atelier de « nakkachs », ouvriers indigènes qui découpent au fer, dans une sorte de plâtre mort, ayant la consistance de la craie, ces délicieuses arabesques « nokcha-dida » qui rappellent les dentelles de l'Alhambra et dont les dessins avaient été apportés en Tunisie par les « Andless » ou

Maures chassés d'Espagne sous Philippe III. On ne saurait trop
féliciter le savant directeur des antiquités de son heureuse initiative, qui a permis de restaurer ainsi un art agonisant et de
remettre en faveur une des anciennes richesses architecturales de
la Tunisie. Au sortir du Bardo, les visiteurs se rendent au palais
de la Résidence, à la « maison de France », comme on dit ici, où,
dans une cordiale entrevue, M. le Résident général leur parle
avec émotion de cette terre d'Afrique où chacun de nous trouvera
à satisfaire sa curiosité spéciale, car cet étrange pays, comme
dit Gaston Boissier, peut apprendre quelque chose à tout le monde ;
il leur renouvelle sa foi dans la mission de propagande qui leur
incombe, et leur rappelle qu'en prenant des notes et en s'ins-
truisant comme ils le font, ils travaillent pour la France.
M. Bayet remercie M. le Résident général des paroles bienveil-
lantes dont il vient d'honorer ses collaborateurs ; il l'assure des
sentiments de reconnaissance de tous les instituteurs pour sa
personne et pour la haute fonction dont il est revêtu. Il peut
affirmer que la confiance que M. le Représentant de la France à
Tunis a placée dans les maîtres de nos écoles ne sera point
trompée et que leur voyage à travers la Tunisie sera fécond en
résultats pour l'expansion de la colonisation française.

*Mercredi, deux heures.* — Ceux qui ont lu le Salammbô et les mer-
veilleuses descriptions où le génie de Flaubert, en un style puis-
sant et imagé, évoque ces temps lointains où un peuple immense
s'agitait dans les rues étroites de la grande ville phénicienne,
avec ses maisons à six étages, ses temples, son port rempli de
vaisseaux, ses hordes bruyantes de mercenaires, se persuadent
aisément qu'il reste encore sur cette colline de « Byrsa » ou sur
les hauteurs qui dominent le palais de « Dermech » des vestiges
apparents de la puissante rivale de Rome. Quand on a lu Gauckler, Boissier et les beaux travaux du P. Delattre, il n'y a plus
d'illusion, et il faut bien reconnaître que, hormis des tombes, il
ne subsiste rien de l'ancienne ville punique. Les ruines elles-
mêmes ont péri. Des nécropoles mises à jour par le P. Delattre,
des stèles innombrables à Baal et à Tanit, des bijoux de toutes
formes de style égyptisant, des poteries, c'est tout ce qui a sur-
vécu de la cité carthaginoise dont l'enceinte était limitée à l'espace qui s'étend de la chapelle Saint-Louis aux batteries de

« Bordj-Djeddid ». Que d'illusions et que d'erreurs accumulées quand on a voulu déterminer l'emplacement de la Carthage punique et de ses monuments! Les citernes elles-mêmes de Bordj-Djeddid, auxquelles Tissot donnait une origine punique, sont l'œuvre des Romains, ainsi que l'a démontré en 1888 le P. Delattre.

De la Carthage romaine rebâtie au temps de César, et devenue sous Auguste une opulente cité, il subsiste de nombreux vestiges recueillis par les Pères Blancs et rangés méthodiquement, soit dans le musée, soit dans le jardin qui entoure la chapelle Saint-Louis, où le P. Delattre, avec un dévouement et un zèle auxquels tous les savants rendent hommage, s'est appliqué depuis nombre d'années à reconstituer par des souvenirs exhumés du sol les différentes phases de l'histoire de Carthage. Fûts de colonnes, chapiteaux, dalles de marbre, débris de toutes sortes sont accumulés le long des pelouses du jardin ou fixés aux murs d'enceinte. La colossale statue de la « Victoire », qui en fait le plus bel ornement, a été retrouvée près de l'emplacement de la cathédrale actuelle, dans les fondations, croit-on, du temple d'Esculape ou plutôt du temple capitolin. En dehors de l'enceinte, on a mis à jour les restes de plusieurs villas, notamment de celle de « Scorpianus » près de l'amphithéâtre dont les mosaïques ont enrichi le musée Saint-Louis.

En l'absence du P. Delattre, actuellement à Rome, nous parcourons les salles du musée, guidés par notre collègue M. Versini. Dans des pièces bien éclairées, tous les objets sont rangés suivant la période historique à laquelle ils se rattachent, punique, romaine, chrétienne. La collection punique se compose surtout d'ex-voto, vases funéraires, armes, fioles, lampes, poteries, colliers de toutes dimensions, amulettes égyptiennes, scarabées avec hiéroglyphes, vases grecs, statuettes, masques et représentations d'animaux. Les objets de caractère égyptisant datent de la première période et montrent bien que les Phéniciens n'ont jamais eu de goût artistique bien prononcé; la plupart des pièces portant la marque de la civilisation hellénique ont dû venir à Carthage par importation, ou bien les artistes établis dans la ville africaine étaient originaires de l'Orient. La période romaine est riche en collections de lampes, têtes de personnages, chapiteaux.

colonnes de toute forme et de toute époque. Enfin nous pouvons voir dans les vitrines de nombreuses monnaies byzantines, arabes et françaises du temps de la croisade et de la domination espagnole. Longtemps, du haut de la terrasse de l'hôtel Saint-Louis, mon regard se promène de la pointe de Kamart au promontoire où s'étage, avec son minaret et ses maisons blanches, le coquet village de Sidi-bou-Saïd, la plaine de la Marsa couverte de villas et de palais aux jardins verdoyants, la « Malga » avec ses immenses citernes, le palais de « Dermech » avec son pavillon avancé où les vagues floconneuses du golfe viennent mourir contre les larges baies vitrées du salon de réception du prince héritier. Bien que je fusse préparé à cet anéantissement des choses, j'avoue que j'éprouvai au sommet de « Byrsa » une profonde tristesse ; des trous béants, des tranchées à demi-comblées, des pierres éparses dans une herbe drue et sauvage où broutent, les jambes entravées, des bourriquots faméliques, voilà tout ce qui reste de Carthage ; et pendant que des mendiantes bédouines me poursuivent de leurs obsessions, que de petits Arabes déguenillés viennent m'offrir des pièces de monnaie d'une authenticité douteuse, je revois comme dans une vision lointaine ces palais incendiés, ces maisons croulantes, et, parmi tant d'héroïsme et tant de gloire, ces ruines fumantes accumulées par la haine aveugle des hommes !

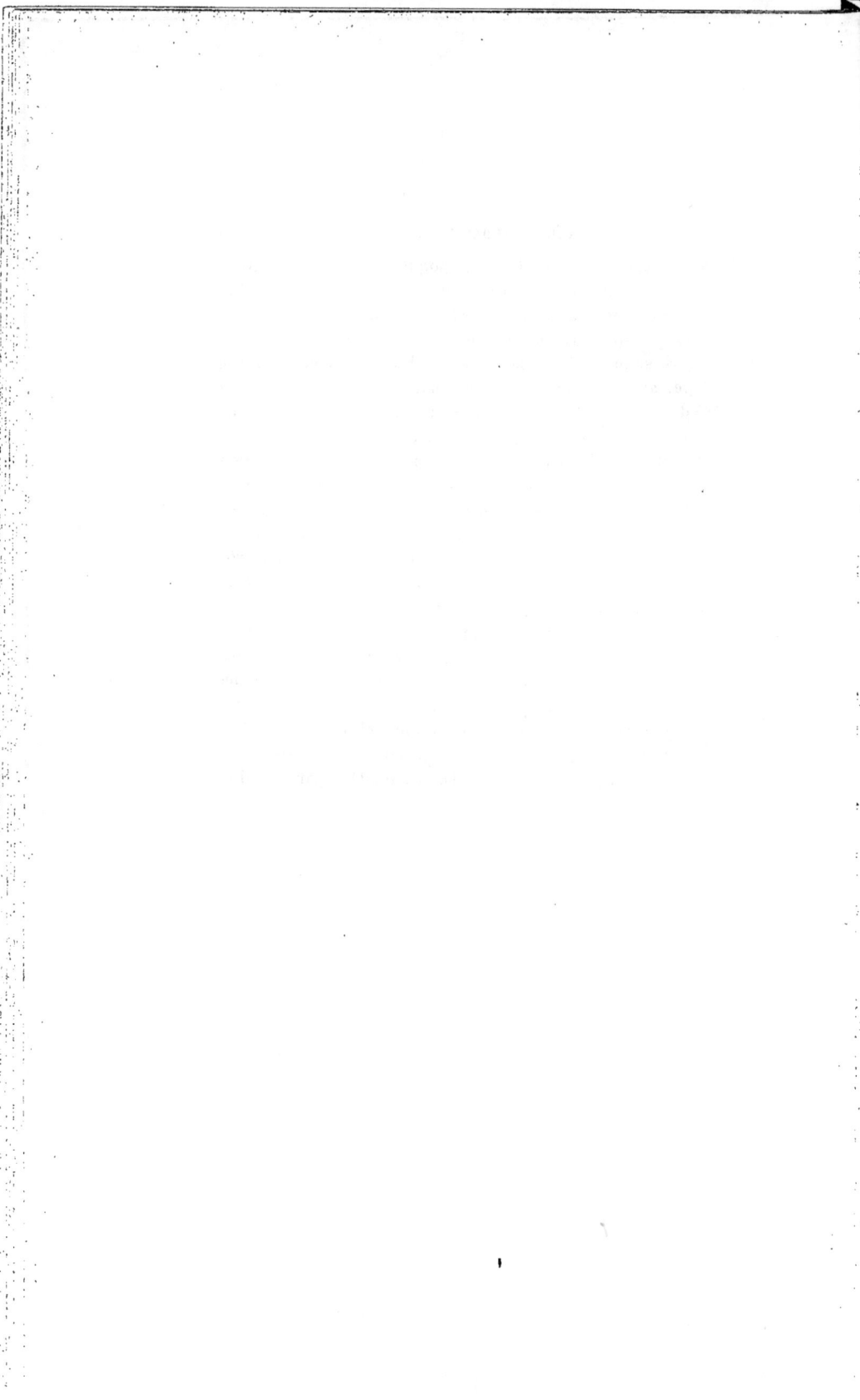

# II

Autour de Tunis. — Zaghouan. — Potinville.
Mateur.

12, 13, 14 avril.

Parcourir au matin, sur la plate-forme d'un confortable wagon,

ZAGHOUAN, UNE RUE.
(Phot. de M. Lefèvre.)

au printemps d'avril, cette plaine d'une incomparable fécondité
qu'arrose l'oued Miliane, parmi les parterres de fleurs aux

couleurs éclatantes, le long des champs de blé et des prairies plantureuses où s'étagent de loin en loin des villages aux maisons coquettes, aux façades d'une blancheur immaculée, n'est-ce pas le rêve du touriste en quête de couleur locale et que rien sur cette terre d'Afrique ne saurait laisser indifférent? Quel superbe décor que celui de Zaghouan, au pied d'une montagne dentelée d'où sortent en bouillonnant les eaux limpides et fraîches qui ont

ZAGHOUAN. LE NYMPHEUM.
(Phot. de M. Accary.)

permis à Carthage de vivre, et sans lesquelles la Tunis moderne ne serait qu'une misérable bourgade perdue dans les marais.

Bâtie à mi-hauteur, avec ses jardins pleins d'ombrage d'où s'élancent, vigoureux et chargés de fruits, amandiers, pruniers, figuiers, abricotiers, grenadiers, orangers, Zaghouan s'étale au centre d'une véritable forêt où l'eau entretient une délicieuse fraîcheur. Nous montons avec le caïd, qui est venu nous recevoir à la gare, l'avenue qui conduit à la ville; et, pendant que nos compagnons de route s'installent dans les oliviers pour déjeuner, nous gagnons l'hôtel où nous attend le couscous traditionnel, arrosé d'excellent muscat de Carthage. Mais n'oublions pas que la curiosité locale est la visite au temple des Eaux, ou « Nympheum », où l'on accède par un sentier rocailleux, sans arbres,

sous les rayons d'un soleil qui a bientôt fait de donner aux
visages la teinte éthiopienne. Demi-heure de grimpade à travers
les jardins, les vergers d'oliviers et la brousse, et nous voilà à la
porte du « Nymphœum ». La population indigène, les enfants
des écoles qui nous y ont précédés, sont groupés au sommet du
mur, dans des attitudes pittoresques, pendant que le « chaouss »
du caïd, sous son beau costume bleu de ciel, fait exécuter à son

ZAGHOUAN. LE CAÏD ET SON « CHAOUSS ».
(Phot. de M. Accary.)

cheval des exercices de haute fantaisie. En amont des rochers
d'où sourdent les eaux se développe un hémicycle monumental
décoré de colonnes engagées; au centre, un sanctuaire qui était
vraisemblablement consacré à la divinité du lieu; entre les
colonnes s'ouvrent vingt-quatre niches qui devaient contenir
autant de statues. Au bas du mur s'allonge un bassin dallé, en
forme d'ovale, où affluent les sources, pour de là se déverser
dans les aqueducs. D'une limpidité constante, d'une fraîcheur
analogue à celle de nos glaciers, les eaux de Zaghouan sont
exquises à boire, et chacun de nous en emplit un verre que, par
cette température caniculaire, il savoure avec délices. Captées
dès la plus haute antiquité, les sources de Zaghouan alimentaient
Carthage, où elles étaient amenées, après un parcours de 90 kilo-

4

mètres, dans les vastes citernes de la Malga, au moyen d'un aqueduc à arcades dont on admire encore les restes épars dans la plaine de l'oued Miliane. Détruit pendant la domination arabe, le canal-aqueduc de Zaghouan a été restauré de 1859 à 1861 sous l'administration beylicale, et les travaux n'ont pas coûté moins de treize millions.

Actuellement les sources donnent à la ville de Tunis une moyenne, par jour, de 70 litres par habitant, ce qui est peu si l'on prend comme termes de comparaison Rome ou Grenoble (1000 litres par jour), mais ce qui constitue une moyenne fort respectable si l'on envisage les approvisionnements en eau potable de plusieurs grandes villes et même de capitales d'États européens. Une troisième source, « Aïn Ayet », issue du même massif, alimente Zaghouan d'eau potable, et le trop-plein, recueilli dans une citerne, dévale à travers les jardins, qu'il arrose, et actionne six petits moulins arabes d'une installation rudimentaire.

Vendredi 13, à Potinville.

Le train du matin nous mène à Potinville, où l'on nous attend pour visiter le magnifique domaine fondé par M. Potin à Bordj-Cedria. Nous sommes reçus par l'aimable M. Gauvry, régisseur général, qui nous promène à travers caves et celliers, parmi les rangées de foudres aux proportions gigantesques, les immenses cuves installées sous des caves voûtées, bien aérées et où, même pendant les fortes chaleurs estivales, la température demeure constante, alors que le moût emmagasiné dans les cuves atteint de 32 à 35 degrés. Au moyen d'un appareil perfectionné à fascines, le refroidissement du moût s'obtient sans difficulté, et la vinification s'opère dans des conditions normales. Les vignobles de Bordj-Cedria sont plantés en principaux cépages du midi de la France : *Aramon, Carignan, Alicante, Cinsault, Mourvèdre, Frontignan*, et soigneusement labourés par des bandes d'indigènes arabes, nègres, berbères, fezzanis, qui, au moment de notre passage, promènent entre les rangées de souches des charrues attelées de chevaux, de mules et de bœufs. Le domaine, d'une contenance de 2800 hectares, comprend 450 hectares de

vignobles, 350 de céréales et 100 d'olivettes. La production vinicole, de beaucoup la plus importante, est par an de 2500 hectolitres, soit 55 hectolitres à l'hectare. Les vins, d'une valeur
moyenne de 20 à 25 francs l'hectolitre, se consomment en
grande partie en France, où la maison les écoule dans ses succur-
sales ou sur commandes particulières. Les vins blancs ordinaires
se vendent à raison de 35 francs l'hectolitre; quant aux muscats

A POTINVILLE. LES LABOURS.
(Phot. de M. Versini.)

et aux malagas, ils trouvent preneur à 100 francs l'hectolitre.
Potinville occupe de 300 à 600 ouvriers, suivant la saison. Le
domaine, acheté en 1884 au prix de 135000 francs, représente
aujourd'hui avec son matériel près de trois millions. Naturellement, malgré leur sobriété proverbiale, les membres de la caravane universitaire ne pouvaient quitter Potinville sans déguster
quelques-uns des produits justement renommés de la maison. Sur
une table dressée sous un hangar s'étalent, dans leur clarté blonde
et brune, les bouteilles innombrables que verse à flots le per-
sonnel de la maison sous la direction de l'aimable Mme Cham-

boncel, femme de l'instituteur de Potinville. Petit vin blanc,
malaga, banyuls coulent dans les verres et contribuent à transformer cette dégustation improvisée en un lunch des plus agréables. Au nom de M. le Directeur de l'enseignement, M. Causeret,
inspecteur d'académie à Marseille, porte la santé de M. Potin,
dont l'intelligence pratique, aidée par des méthodes rationnelles
et par un outillage perfectionné, a transformé, en moins de
quinze années, ces landes broussailleuses et infécondes en un
domaine dont la valeur s'affirme à chaque récolte.

Samedi 14 avril.

La région des céréales. Mateur. — On nous a montré hier

A MATEUR.
(Phot. de M. Versini.)

la culture de la vigne telle qu'elle se pratique dans la grande
propriété. Nous allons voir aujourd'hui, dans la région de Mateur,
la culture des céréales et les vastes exploitations du colonel

Rebillet. Vers dix heures nous débarquons en gare de Mateur. M. le colonel Rebillet, qui a quitté l'épée pour la charrue, et qui ne s'en plaint pas, le Caïd de Mateur, Si Younès Hadjoudj, aux manières distinguées, esprit large et ouvert à notre civilisation et surtout à notre littérature contemporaine, nous souhaitent la bienvenue à la descente de wagon. Derrière eux s'agite toute une cavalerie rustique mobilisée pour la circonstance, car

A MATEUR.
(Phot. de M. Versini.)

l'exploitation du colonel est distante de la station de plusieurs kilomètres. Chevaux, ânes, bourriquots, mules, attendent, non sans impatience, le signal du départ. Nous visitons d'abord la ville et ses pourtours; du haut d'une colline qui domine Mateur la vue embrasse un véritable océan de verdure, le Djebel Achkeul, avec ses sangliers et ses buffles sauvages, propriété du Bey, qu'enserre d'une ceinture marécageuse le plus petit des lacs de Bizerte, puis la ville où se tient à cette heure un marché important. Nous y descendons. Sur une vaste place circulaire, de niveau inégal, parmi des groupes d'indigènes sans type bien caractérisé, c'est un pêle-mêle de porcs grognants, de moutons à grosse queue, de chèvres minuscules, de petits bœufs aux cornes acérées, de chameaux pliant sous des charges d'alfa. Tout ce monde parle, crie, gesticule dans un grouillement sans nom. Notre venue est fort remarquée et trouble un moment les transactions, car on suppose que nous sommes des acheteurs sérieux et, en un clin

MATEUR. LE MARCHÉ.
(Phot. de M. Accary.

d'œil, le prix des denrées et des animaux subit une hausse que notre candeur ne soupçonne même pas.

Onze heures. — Les uns prennent place dans des voitures, les autres, et c'est le plus grand nombre, enfourchent des bêtes rétives qui gambadent par monts et par vaux, traînant à l'extrémité de la queue leur conducteur qui, pour mieux courir, porte à la main ses babouches, insensible aux cailloux de la route dont la pointe leur larde la plante des pieds. Il y a bien dans cette tumultueuse et originale chevauchée quelque bon pédagogue qui se maintient péniblement dans un équilibre instable; un autre, trop fortement secoué, s'imagine être encore sur le pont du bateau et vide prestement les étriers. Tout ce monde crie à tue-tête : barra! barra! gare! gare! se bouscule, se frôle, les uns tirant sur le mors, les autres jouant du talon sur les flancs

pelés de leur monture. C'est un pêle-mêle charmant, plein de vie
et de gaîté, et qui ne nous permet pas de trouver longue la distance
de Mateur au domaine d'Outteta. Le domaine exploité par le
colonel Rebillet occupe 800 hectares dans la région à cheval
entre Mateur et Béja. A l'horizon, pas un arbre, pas un buisson,
mais à perte de vue des champs de céréales dont les ondulations,
semblables à de légères vagues mouvantes, donnent seules

MATEUR. MARCHÉ INDIGÈNE.
(Phot. de M. Arcary.)

quelque animation à cette plaine monotone et sans vie. Il faudrait
d'autres jambes que les nôtres pour faire le tour complet du propriétaire: contentons-nous de suivre l'aimable amphitryon dans
la visite aux étables, qui ne renferment pas moins de 180 bœufs
de labour, 22 chevaux ou mulets, 170 vaches et taurillons. Tout
y est propre et agréable à l'œil. Le colonel applique dans son
exploitation les méthodes les plus rationnelles; il emploie l'outillage dernier modèle des fermes de la métropole, machine à
vapeur locomobile de 25 chevaux, défonceuse Vernette pour la
vigne, moissonneuse-lieuse Wood, faucheuse Wood, semoirs, etc.
La plus grande partie du domaine est affectée à la culture des
céréales, blé et avoine (environ 400 hectares), fèves, maïs, four-
rage et 25 hectares de vignobles. Le système d'ensilage est très

bien compris. L'exploitation comprend 1 contremaître, 1 chef de culture, 2 stagiaires, des garçons d'écurie et de troupeau, et un certain nombre d'ouvriers indigènes dont le nombre varie de 30 à 100 suivant la saison. Actuellement l'exploitation est en plein rapport et, après le déjeuner, auquel M. le colonel Rebillet

MATEUR.
(Phot. de M. Versini.)

et son aimable famille avaient bien voulu nous convier, nous regagnons la gare, pleins d'une juste admiration pour ce soldat intrépide et vaillant qui, après avoir longtemps servi la France dans les garnisons de l'extrême sud de la Tunisie, consacre son activité féconde à une tâche ardue, et qui n'est point sans grandeur.

# III

**Nos soirées à Tunis. — Réception à la Marsa.**

On peut juger par ces trois premières journées si notre emploi du temps était chargé. Nous comptions sur l'après-midi du jeudi, retour de Potinville, pour faire une échappée à travers les souks, mais le programme portait « visite de l'École coloniale d'agriculture et du Belvédère ». Un universitaire ne doit jamais faillir à son programme, et, dès deux heures, nous étions au rendez-vous, nous essaimant par les longues allées ombreuses du parc de Tunis, avec ses beaux mimosas en fleurs et ses essences de toutes variétés. Grâce à beaucoup d'eau, on parviendra à rendre ce lieu de promenade fort plaisant, d'autant que du sommet on a sur la ville une vue splendide.

L'École coloniale d'agriculture, qui est contiguë au Belvédère, nous a vivement intéressés et nous n'avons pas regretté les quelques heures consacrées à en étudier le fonctionnement. Installée dans de vastes bâtiments, luxueusement aménagés, cette École reçoit un certain nombre de jeunes gens admis au concours qui viennent y étudier pendant trois ans l'agriculture théorique et pratique. Zoologie, botanique, sylviculture, hydraulique, zootechnie, chimie agricole, économie rurale et coloniale, bactériologie, hygiène agricole, etc., y sont l'objet de cours spéciaux. Il y a un laboratoire et des champs d'expérience; la ferme et l'huilerie sont aménagées avec les derniers perfectionnements; on peut y voir de belles plantations d'eucalyptus, d'acacias et de casuarinas, et diverses essences destinées au reboisement. C'est dans l'établissement que se forme l'élite de nos agriculteurs coloniaux, qui, par leur enseignement et leur direction pratique, sont appelés à jouer un rôle des plus impor-

5

tants dans l'orientation et l'amélioration des méthodes culturales
et des modes d'exploitations rurales, en Algérie et dans la
Régence. Entre temps et pour compléter ces journées laborieuses,
M. le Résident général nous convie, à « l'Hôtel des Sociétés
françaises », dans cette magnifique et vaste salle, comme nous
n'en possédons pas en France, même dans la plupart de nos

TUNIS, L'ÉCOLE D'AGRICULTURE.
(Phot. de M. Reymond.)

grandes villes, à d'intéressantes conférences destinées à renforcer
par la parole vive du professeur les observations recueillies sur
les carnets de nos compagnons de route au cours de leurs pérégrinations quotidiennes. C'est ainsi que nous avons l'occasion
d'entendre le colon du Khangat, M. Dumont, qui nous initie,
avec parchemins à l'appui, à la constitution et à l'organisation
de la propriété, à l'immatriculation, aux assolements, aux fumures
et à tous les secrets de la culture intensive. Tout cela est fort
savant et complète utilement nos notes. Tout autre est le sujet
traité par M. Loth, l'érudit professeur du lycée, qui vient nous
entretenir de la « Tunisie romaine ». Aucun sujet ne pouvait être
plus de circonstance à notre retour de Carthage.

Dès huit heures et demie, la salle de l'Hôtel des Sociétés françaises est archicomble. Non seulement tous les instituteurs et leurs chefs sont là, mais on remarque, au premier rang, plusieurs passagers de la croisière « du Sénégal » et tous les représentants de la haute société tunisienne, qui ont tenu à montrer à leurs hôtes que rien de ce qui touche au passé comme à l'avenir de leur pays ne leur est étranger. A neuf heures, M. le Résident général, qui a tenu à présider cette fête, fait son entrée au son de la *Marseillaise*; il est reçu par M. le Président du tribunal Fabry, président de « l'Alliance française », le Dr Bertholon, président de « l'Institut de Carthage », M. de Torcy et M. Loth. M. René Millet présente en quelques mots le conférencier et insiste en passant sur le caractère utilitaire qu'offre l'étude des travaux entrepris par les Romains dans ce pays et dont les ruines imposantes se présentent à chaque pas que l'on fait à travers la Tunisie. Dans un langage simple, net et précis, M. Loth expose avec beaucoup de succès un sujet qu'il connaît bien; il montre, suivant la théorie de Paul Bourde, que la Tunisie, soit au point de vue climatérique, soit au point de vue aquifère, est telle ou à peu près que l'ont connue les Romains; il rend hommage aux beaux travaux de M. Gauckler sur l'hydraulique romaine, et il conclut qu'il ne tient qu'à nous, de reconstituer par l'effort de nos bras et l'apport de notre argent, l'œuvre colonisatrice de Rome. Des applaudissements répétés accueillent les dernières paroles de M. Loth, à qui nous apportons nos félicitations, pendant que M. le Résident général convie l'assistance à vider une coupe de champagne en l'honneur des hôtes de la Tunisie.

Mais, en gens soucieux de remplir leur tâche jusqu'au bout, nos instituteurs avaient trouvé le moyen de faire de leur soirée double emploi. Désireux de témoigner à leurs chefs et aux initiateurs du voyage leur profonde gratitude, ils conviaient à leur table dans le grand réfectoire du lycée Carnot, M. Bayet, M. Machuel, M. Versini, M. Duval, proviseur du lycée, M. Baille, inspecteur primaire, qui avaient tenu à s'associer à cette manifestation tout intime de sympathie spontanée de la part des membres de la caravane. Au champagne, M. le directeur de l'enseignement se lève et « porte, au milieu d'acclamations enthousiastes, la santé de M. Machuel, cet administrateur dont la haute valeur pédagogique et l'initiative féconde n'ont d'égale que la modestie. Depuis dix-huit années qu'il est à la tête de la direction de l'enseignement, M. Machuel a tout créé ou à peu près, car, en fait d'établissements scolaires, il n'y avait rien ou presque rien, en Tunisie, au moment de l'occupation française. C'est à lui que nous devons lycée, école normale, collège Alaoui, école secondaire de jeunes filles, écoles publiques. Aussi la sympathie qui s'attache à son nom est-elle universelle dans la Régence et accrue de cette autorité que donnent sur les populations indigènes le respect de leurs croyances et de leurs traditions et la préoccupation constante de ne jamais choquer ce que l'homme a de plus cher, sa conscience et sa liberté morale ». M. Bayet associe à cet hommage justement mérité les collaborateurs de M. Machuel, M. Versini, inspecteur d'académie, et M. Baille, inspecteur primaire. Profondément ému, M. le Directeur de l'enseignement public en Tunisie répond : « Il reconnaît l'importance de l'œuvre à laquelle il s'est attaché depuis dix-huit ans. Il faut, dit-il, surtout favoriser la pénétration française pour lutter contre l'étranger et contre-balancer son influence. Les populations musulmanes voient chaque jour nos instituteurs prenant avidement des notes, interrogeant tous ceux qui peuvent leur donner quelques indications utiles ; elles comprennent que ces hommes aiment leur pays puisqu'ils étudient les moyens pratiques de le peupler et de l'enrichir ; aussi les évolutions de la caravane sont-elles suivies avec un intérêt des plus vifs. » En terminant, M. Machuel fait l'éloge des maîtres de la Tunisie ; il boit aux instituteurs de la métropole, et il se félicite du concours que beaucoup d'entre eux lui ont apporté dans l'œuvre de propagation de l'influence française. Ces deux allocutions, rendues plus charmantes encore sous leur forme familière et affectueuse, ont été accueillies, pas n'est besoin de le dire, par les unanimes bravos de l'assistance.

M. le Résident général, avec son affabilité proverbiale et la sollicitude dont il entoure les membres de l'Université, veut nous fêter à son tour avec toute la pompe de l'apparat officiel et nous convie à un grand dîner à la Résidence pour le soir de Pâques. M. Bayet, M. Machuel, MM. les inspecteurs d'académie, MM. les directeurs d'école normale et inspecteurs primaires assistaient au repas qui, avec les chefs de service des administrations, ne comptait pas moins de 50 couverts. Au dessert, M. René Millet porte la santé des membres de la caravane et de leurs chefs. « Lorsque, dit-il, le Général et les Colonels d'une armée intelligente et dévouée comme celle de l'enseignement se mettent à la tête du mouvement il ne saurait faire autrement que de réussir. Il remercie tout particulièrement M. Bayet qui, malgré les difficultés que présente tout déplacement dans la haute situation qu'il occupe, n'a pas hésité à accomplir le voyage de Tunisie, venant ainsi au devant de la colonisation. » M. Bayet répond en remerciant le Résident général des paroles qu'il vient de prononcer. « Depuis que les membres de l'enseignement sont en Tunisie, ils n'ont eu qu'à se louer de la façon charmante dont ils ont été reçus. Ils ont trouvé partout, et en particulier à la Résidence, un accueil non pas aimable, le mot serait banal, mais affectueux. Il tient aussi à associer à son toast M⁽ᵐᵉ⁾ Millet. M. Bayet a voulu se rendre compte par lui-même de l'œuvre de charité qu'elle a entreprise, et est allé visiter un des établissements qu'elle a créés pour la première enfance et qu'elle visite quotidiennement. Il remercie comme Français M⁽ᵐᵉ⁾ René Millet d'avoir su montrer aux indigènes et aux étrangers ce que peut faire la femme de France quand la bonté et l'intelligence s'allient à la charité. »

### 15 avril. Jour de Pâques, à la Marsa.

Notre qualité de voyageurs officiels nous mettait dans l'obligation d'aller présenter nos hommages à la famille beylicale sous peine de manquer aux convenances vis-à-vis d'un souverain qui ne dissimule à personne ses sentiments de loyalisme à l'égard de la France. M. Machuel veut bien nous accompagner à la Marsa, où nous nous rendons par un temps superbe, au milieu d'un concours énorme d'indigènes et de bourgeois endimanchés, en longeant le lac où des flamants roses, de difficile approche, s'ébattent dans l'eau, sous la garde de trois d'entre eux placés en sentinelles avancées. A la gare, les équipages beylicaux et la maison militaire du souverain nous attendent avec un luxe pom-

peux de costumes resplendissants de galons et de broderies. Ali
Bey, le souverain régnant, âgé aujourd'hui de plus de quatre-
vingt-quatre ans, souffre depuis longtemps d'un asthme qui
l'empêche de recevoir; c'est le prince héritier Mohammed qui le
remplace dans les présentations. Les équipages nous conduisent
directement de la gare au palais de « Dermech », qui occupe
au-dessous de la colline de « Byrsa » l'emplacement d'anciens
thermes romains, d'où par corruption du mot latin « Thermæ »,
on a fait « Dermech ». Le prince héritier Mohammed-el-Ali Bey
a cinquante ans environ; c'est un homme de haute taille, de
manières polies et aimables, et d'un accueil qui n'a rien de raide
ou d'apprêté. Le prince, qui a pour la France des sympathies de
longue date, parle correctement notre langue, et a fait élever ses
deux fils, qui l'assistent pendant notre entrevue, au collège
Sadiki, où se forme toute une pépinière de fonctionnaires musulmans. Le prince nous accueille de la façon la plus cordiale; il
nous dit que son gouvernement est profondément attaché à la
France, et que nous pouvons affirmer en revenant chez nous
« que le cœur de la Tunisie et de la France est le même ». On
ne saurait mieux parler, et sur ces paroles flatteuses nous prenons congé pour rendre visite au premier ministre, Sidi Elazîz-
bou-Attour, qui appartient à l'administration indigène depuis
cinquante ans et qui (ô ironie, quand on songe à nos vicissitudes
gouvernementales!) détient le portefeuille de premier ministre
depuis vingt ans. Sidi Elazîz-bou-Attour habite une villa d'intérieur modeste, meublée de la façon la plus simple. Dans la
salle de réception blanchie à la chaux, un canapé non rembourré
qui fait le tour de la pièce, éclairée par deux grandes fenêtres
donnant sur le jardin, et un portrait avec dédicace de l'ancien
Résident, M. Massicault. Après un moment d'attente, Sidi Bou-
Attour vient nous recevoir. C'est un vieillard presque octogénaire,
à la barbe blanche, aux yeux noirs pleins de douceur, à la
physionomie fine et intelligente. Tout chez lui respire la franchise
et l'honnêteté. Sidi Elazîz-bou-Attour ne parle pas le français,
mais aux mouvements de son visage, on voit qu'il ne perd pas
un mot de ce qu'on lui dit. M. Machuel, qui sert d'interprète,
nous traduit les paroles de bienvenue du premier ministre. Il
nous laisse entendre que dans ce voyage nous allons voir des

choses fort intéressantes, en fait de progrès scolaires, et que ce que nous verrons est l'œuvre personnelle de M. Machuel. Il y a encore beaucoup à faire, mais nous jugerons par nous-mêmes; il ajoute qu'il est heureux de recevoir des membres de l'Université de France, car ce sont des travailleurs modestes et qui ne se vantent pas. M. Bayet répond au ministre que nous sommes les premiers à rendre à l'œuvre poursuivie et réalisée par M. Machuel l'hommage qu'elle mérite, et ce que nous savons des anciens élèves du collège Sadiki prouve que nous avons en eux de véritables compatriotes. Notre mission remplie, nous parcourons au galop les curiosités du palais de la Marsa; les jardins en sont insignifiants, mais ce qu'il y a de plus remarquable, ce sont les volières avec leurs hôtes innombrables, pélicans, cormorans, flamants, oiseaux de tout plumage, qui font un vacarme infernal. Nous embrassons d'un dernier regard ce riant plateau de la Marsa où s'étalent dans la verdure des cyprès et des palmiers, des palais et d'opulentes villas aux blanches terrasses, puis ce cadre immuablement beau par ce grand soleil du soir, Sidi-Bou-Saïd, le Kram, les hauteurs de Byrsa avec la colossale cathédrale et, comme fond de décor à cette évocation d'Orient, l'éternelle mer bleue, dont le lent balancement nous reporte invinciblement dans une longue rêverie vers les choses du passé.

# IV

## A travers Tunis.

Le matin, au réveil de la grande ville, j'éprouvais une sensation étrange à suivre à travers les ruelles et les places du quartier

TUNIS. ENTRÉE D'UN BAIN MAURE
(Photogr. de l'auteur.)

indigène ce va-et-vient d'hommes aux costumes bariolés, à la face noiraude, aux jambes et aux pieds nus ou chaussés de babouches

6

éculées qui font résonner de petits coups secs le pavé glissant des ruelles. Au bas du grand escalier qui descend du collège Alaoui, des « ouleds » en djebbas blanches, sans manches, poussent devant eux à coups de trique, ou piquent de l'aiguillon de misérables bourriquots, pelés, semi-galeux, le haut des cuisses

TUNIS. PLACE DU MARCHÉ AUX CHEVAUX.
(Phot. de l'auteur.)

saignant de larges plaies, qui s'affalent sous des hottées d'orge verte et de chardons sauvages. Plus loin, une place entourée d'échoppes minuscules est le rendez-vous de tous les Arabes du quartier : marchands de galettes anisées, vendeurs de piments, de carottes et de pois chiches, boucher avec étal en plein vent qui, dans une envolée de mouches, découpe avec un mauvais couteau des fricassées et des têtes de moutons grimaçantes qu'il roule dans ses doigts dégouttant de sang. A côté, un gros homme enturbané, une poêle fumante devant lui, confectionne prestement des rondelles de farine qu'il retire avec une cuiller sous forme de bei-

gnets, aux reflets d'or, ruisselant d'huile, que des clients affamés
se disputent pour un sou. Le long des boutiques, rangées sur des
appuis en maçonnerie, des pyramides de carottes, de choux,
d'artichauts, de fenouil, de légumes de toute espèce, avec pêle-
mêle des couffins de henné dont les indigènes des deux sexes se
badigeonnent les ongles. A ce moment de la journée où le soleil
ne darde pas encore, la circulation est des plus actives et la ville
pullule d'indigènes de tout métier et de toute race : porteurs et

TUNIS. UN MARCHÉ.
(Phot. de M. Accary.)

marchands d'eau avec des gargoulettes fermées d'un tampon
d'alfa, décrotteurs non moins importuns que nos petits Savoyards,
portefaix siciliens à mine patibulaire, marchands de tripes en
plein vent, vendeurs de poissons promenant leur marchandise
suspendue à un cordon, tout ce monde crie, se démène dans une
langue inconnue avec force gestes animés et furieux, comme s'il
allait se livrer à un pugilat en règle. Dans la grande avenue que
parcourt le tramway, et qui relie la ville indigène aux quartiers
modernes, des cavaliers passent nombreux, les uns sur des
mules, d'autres les pieds ballants sur des ânes nains. En une
longue théorie, des chameaux chargés d'alfa s'avancent parmi les

arabas et les fiacres, majestueusement, avec ce balancement du corps qui donne le roulis, et haussant la tête au-dessus des turbans et des chechias, ils regardent cette foule bigarrée et bruyante de leurs gros yeux ronds dans lesquels se réflète quelque chose de l'immobilité du désert. Un spahi au galop rase le trottoir, pendant que passe près de moi, enveloppée dans son melhaf, une femme arabe dont les yeux noirs brillent sous l'étoffe encore plus noire qui lui cache le visage. Partout des burnous, des haïks, des

TUNIS. BOUTIQUE INDIGÈNE.
(Phot. de M. Accary.)

djebbas multicolores, des gandouras roses ou gris perle, au milieu desquelles s'avance, lourde et obèse, véritable amphore mouvante, une Juive au corps florissant d'embonpoint, culotte bouffante, souliers vernis, grand voile blanc flottant, avec sur la tête un cornet doré, et laissant après elle une odorante traînée de musc, de géranium et de rose.

Avec ses cafés maures et leurs consommateurs paresseusement accroupis, racontant à mi-voix leurs éternelles histoires, ses souks et leurs minuscules échoppes débordant de marchandises, ses cuisines en plein vent d'où s'échappent des relents d'huile rancie et de saucisses grillées, la ville arabe nous plaît par les émotions variées qu'elle nous procure. Pendant la semaine qui précède Pâques, les musulmans célèbrent leur fête par des réjouissances ininterrompues qui donnent au quartier arabe une animation extraordinaire. Dès le matin, tout un essaim de garçonnets et même d'adultes, parés d'étoffes les plus bizarres, un bouquet de roses ou de jasmin sur l'oreille, se pavanent, qui sur

TUNIS. ANCIEN MARCHÉ AUX ESCLAVES.
(Phot. de l'auteur.)

des arabas et des voitures de toute forme, qui sur des bourriquots et des mules, promenant par la ville leur oisiveté tapageuse, se lançant des lazzis, interpellant les passants, faisant étalage de leurs défroques aux nuances bizarres, s'époumonant à crier barra! barra! barra! jusqu'à ce que l'infortunée bourrique s'affale sous le poids de la fatigue et de la chaleur. A voir toute cette jeunesse se trémousser ainsi pour quinze centimes à travers les rues de Tunis, des journées entières, crier et rire dans le joyeux enivrement de la fête, on peut dire qu'elle en prend pour son argent. L'après-midi du Vendredi-Saint, tout le quartier est en l'air. Ici un nègre danseur, là un charmeur de serpents groupent des centaines de curieux. Plus loin, un vieillard enturbané, avec autour de lui une foule de 300 Arabes au moins, assis dans une attitude religieuse, et immobiles, raconte d'interminables histoires avec force gestes, ponctuant les effets de sa

TUNIS. UNE RUE.
(Phot. de l'auteur.)

rhétorique imagée avec un petit instrument de bois qui ressemble à une minuscule guitare.

Les souks surtout ont reçu bien des fois notre visite, et nous n'oublierons jamais les longues stations et les flâneries chez « Barbouchi » où chez « Djammal », les discussions entrecoupées de café maure, excellent d'ailleurs, où sous l'œil complice de l'interprète, musulman et chrétien, acheteur et vendeur, s'étudient à se rouler l'un l'autre, celui-ci sollicitant un rabais d'une voix geignante, celui-là s'exclamant qu'on veut déshonorer sa marchandise. En avons-nous perdu de ces heures précieuses, dans cet entassement d'étoffes aux tons criards, de tapis moelleux, de têtières aux arabesques dorées, tromblons damasquinés, poignards, aiguières, bibelots de toute dimension et de toute provenance, que la longue patience des Juifs a accumulés là pour la

TUNIS. ENTRÉE D'UNE MEDRAÇA.
(Phot. de l'auteur.)

mise à mal de nos porte-monnaie! Et nous courons ainsi par petits groupes, nous retrouvant souvent dans les mêmes bazars par ces ruelles aux pavés glissants, le long de ces murs blanchis où, sous un abominable gâchis de chaux vive, se cachent d'admirables chapiteaux volés à Carthage ou ailleurs, sous ces toitures de planches disjointes et vermoulues qui laissent parfois pénétrer un fugitif rayon de lumière dans ces impasses à l'odeur fétide et sans air. Souks des selliers, souks des bijoutiers, des cordonniers, des maroquiniers, des chechias, souks des parfums, souks des étoffes, des tapis et des couvertures, autant d'échoppes, autant de visites dans ces coupe-gorge du mercantilisme. Le soir, le spectacle change, et nous transportons alors le champ de notre excursion dans ce labyrinthe de ruelles étroites dont, en étendant les bras, on touche les deux murs à la fois; où sous la pâle clarté des becs de gaz grouille toute une foule cosmopolite dont le frôlement n'est pas toujours sans danger. Longtemps nous errons dans ces carrefours avec au-dessus de nous de hautes murailles sans fenêtres autres que des « moucharabiés » aux grilles de fer, plongés dans un mystérieux silence. Et, fatigués par cette longue promenade à travers le vieux Tunis, nous remontons lentement vers Alaoui, pendant que les cafés maures mettent dehors leurs derniers clients et que des saucisses grillées, réservées à quelque noctambule, répandent dans le quartier leur âcre odeur de chair calcinée! Chaque soir, le spectacle est le même, et invariablement, vers la même heure, nous rentrons au collège Alaoui, à travers ces ruelles demi-obscures où se traîne en rasant les murailles une silhouette blanche, en quête d'un gîte, heurtant parfois du pied quelque mendiant arabe, enveloppé dans son burnous, qui dort d'un sommeil paisible dans l'insouciance du lendemain. Vue à cette heure, de la terrasse du collège, enveloppée dans son blanc suaire, aux rayons argentés de la lune, Tunis « la Blanche » nous fait l'effet d'une nécropole endormie.

Un soir que nous errions, un peu au hasard, dans ce dédale de ruelles mal pavées, plus mal éclairées encore, il vint à M. Machuel l'idée de nous faire visiter un établissement dépendant de son administration. Devant nous, une lourde porte hermétiquement close dont le marteau-heurtoir violemment secoué ébranle le quartier silencieux et fait retentir les échos d'une voûte profonde, où nous nous avançons en tâtonnant parmi de massifs piliers de pierre. Au fond, une cour circulaire, avec double rangée d'arcades, quelque chose comme le cloître Saint-Trophime d'Arles ou de Montmajour, et, sous les voûtes, des clartés mystérieuses de lampes. Nous sommes dans une « medraça ». Ces sortes d'établissements, qui répondent aux anciens collèges annexés à nos Universités du moyen âge, reçoivent les jeunes gens de peu de ressources qui viennent à Tunis pour suivre les cours de la Grande Mosquée. Ce sont de véritables hôtelleries fondées par

des personnes pieuses, et les jeunes « tolbas » ou étudiants qui y
logent sont souvent entretenus par la charité publique. Chacun a
sa chambre, pauvrement meublée, et fait sa cuisine. En dehors de
ces soins matériels, les étudiants suivent les cours et travaillent
pour leur instruction. D'abord surpris et troublés par cette invasion d'étrangers à une heure aussi insolite, les tolbas, avec leurs
longs burnous blancs, comme des fantômes dont la clarté pâle

TUNIS. AVENUE DE LA MARINE.
(Phot. de M. Reymond.)

de la lune éclaire la marche silencieuse, sortent par petits
groupes de leurs chambrettes et s'approchent avec défiance,
mais, dès qu'ils ont reconnu M. Machuel, ils manifestent leur
contentement et l'assiègent de questions sur nous et sur notre
qualité et quand ils savent qui nous sommes, ils chargent M. le
Directeur de l'enseignement de nous remercier de l'intérêt que
nous portons à leurs études et à leur avenir. Il y a à Tunis
environ 23 médraças renfermant près de 500 chambres.

Ce qui donne à Tunis ce cachet particulier d'originalité, c'est
que les deux villes, la ville indigène et la Tunis moderne, sont
juxtaposées, vivant de leur vie propre, sans que l'une empiète
sur l'autre. Aujourd'hui, jour de Pâques, avec l'animation qui
règne dans l'avenue de la Marine, ce boulevard Montmartre de

7

Tunis, au sortir de la grand'messe à la cathédrale, où assistent
en tenue officielle le Résident général et les hauts fonctionnaires
civils ou militaires, avec, sous les arcades, ces riches magasins,
ces vastes trottoirs, ces terrasses des cafés regorgeant de
monde, ces monumentales maisons, cet élégant hôtel des Postes
et Télégraphes, ce palais de la Résidence, de proportions un
peu restreintes pour l'importance de la ville, avec l'animation
qui règne dans ces larges avenues bordées de ficus et de palmiers,
on se croirait à Marseille ou dans quelque élégante cité levantine.
Et quand on pense qu'à la place de ce superbe quartier européen s'étendaient, il y a quinze ans à peine, des marais pestilen-
tiels, et qu'on pouvait chasser la bécassine à quelques centaines
de mètres de la Résidence, on doit avoir confiance dans l'avenir
et dans la prospérité d'une ville qui s'est si promptement trans-
formée, et qui se transforme chaque jour. On donne à Tunis de
180 à 200 000 habitants, dont 100 000 musulmans, 60 000 israélites, 12 000 Maltais, 13 000 Italiens, 10 000 Français, 500 Grecs
et un millier de Levantins. Les Israélites sont divisés en deux
groupes : les Juifs tunisiens, descendants des premières invasions
judaïques venues après la destruction du temple de Jérusalem
par Titus et à la suite des invasions arabes; et les juifs cosmo-
polites, livournais, espagnols, etc. Les Juifs livournais détien-
nent la haute banque, le commerce; ils font les grosses affaires,
et sont surtout italianophiles. Quant aux Juifs indigènes, ils exer-
cent toutes sortes de métiers; le petit commerce est entre leurs
mains; ils pullulent surtout dans les souks où des rabatteurs
savamment dressés, et appelés vulgairement « vautours », amènent dans leurs boutiques, par une stratégie compliquée, les
innocents touristes de passage que l'on y plume sans vergogne.
Les Israélites ont des écoles florissantes fondées et entretenues
par la caisse de « l'Alliance israélite ». Depuis quelques années
beaucoup de jeunes Juifs s'adonnent au travail de la terre, et
deux écoles spéciales d'agriculture ont été établies dans ce but
à proximité de Tunis. Dans l'intérêt même de la colonisation,
on ne peut que voir d'un œil favorable cette orientation nouvelle d'une race qui paraissait jusqu'ici réfractaire à la vie
agricole.

La colonie italienne est solidement implantée à Tunis et dans

la Régence; elle a à Tunis un lycée d'enseignement moderne et
sept écoles; elle en possède à Sousse et à Sfax, et n'aspire qu'à
en ouvrir d'autres. Tous ces établissements d'instruction, en
vertu des garanties stipulées, échappent absolument au contrôle
de l'administration française, ceux du moins qui ont été fondés
avant le traité de 1896. Les Italiens, à Tunis et dans les centres
urbains de la Régence, versent un peu dans toutes les professions, libérales, commerciales, industrielles ou autres. Il y
a de nombreux médecins, plus particulièrement admis dans les
intérieurs arabes, des avocats défenseurs, banquiers, commerçants; les Italiens de la classe moyenne tiennent des magasins,
et les boutiques avec enseigne en langue italienne sont encore
assez nombreuses, mais la mode se répand de plus en de n'em-
ployer que le français; ils tiennent aussi en grand nombre des
bars, buvettes, comptoirs, auberges économiques, « trattorie »,
cafés, restaurants, boutiques de coiffure, etc. Ils ont leur journal,
« l'Unione ». Malgré leurs sentiments de réserve et de méfiance
à notre égard, beaucoup d'Italiens des classes populaires
envoient leurs enfants dans nos écoles publiques; la dernière
statistique en comptait 3289. Étant en pays de protectorat, et
avec la force que donne un établissement séculaire, les Italiens
ont beaucoup plus d'indépendance et de garantie pour la sauvegarde de leurs intérêts; mais, si la France leur accorde une large
et généreuse hospitalité, stipulée par la convention du 18 septembre 1896, ce n'est pas une raison pour aller jusqu'à la fai-
blesse, en tolérant que l'influence d'une nation, par une main-
mise savamment combinée sur la propriété foncière, devienne
prépondérante et même se substitue à la nôtre. Vienne une guerre
imprévue, un conflit européen, et l'élément italien aura bien vite
fait de prendre le dessus, surtout s'il a l'avantage du nombre sur
nos propres nationaux, ce qui est hors de conteste à l'heure qu'il
est.

Population aux mœurs très douces, très malléables, les Maltais
sont plutôt acquis à la cause de nos intérêts; la plupart sont
domestiques, cochers; quelques-uns tiennent boutique et sont
adonnés à des professions manuelles. Leurs enfants fréquentent
nos écoles et plus spécialement celles qui sont dirigées par des
maîtres congréganistes, en tout pour la Régence 1502. Il n'y a

pas à Tunis de question « juive » et jamais la colonie n'a été troublée par ces déplorables antagonismes de races ou plutôt d'intérêts locaux. On doit cette situation à la douceur de caractère des indigènes, à l'établissement millénaire des Israélites dans le pays, et à l'administration large et tolérante mais ferme des Beys et des Résidents généraux. Avec ses 200 000 habitants, et peut-être davantage, sa population essentiellement cosmopolite, Tunis est une ville où l'étranger rencontre la plus absolue sécurité. Il y a bien eu, pendant un certain temps, des attentats contre les personnes, des vols et des assassinats à main armée mais les Siciliens y avaient la plus large part et la colonie étrangère a toujours fourni la plus nombreuse clientèle à la criminalité de la Régence. Le décret du 17 avril 1897, en créant une direction de la sûreté publique et en rattachant à l'administration générale l'ensemble des services de police de la Régence, a permis de surveiller étroitement les malandrins de toute nationalité qui exerçaient impunément leur industrie à Tunis et aux environs. Des mesures sévères ont été prises, à l'égard des Siciliens notamment. Les gens sans aveu ont été expulsés du territoire de la Régence et aujourd'hui on exige de chaque immigrant, italien et autre, la production de pièces d'identité et d'actes d'état civil qui permettent à la police d'exercer un contrôle sérieux. En outre de l'unité de direction donnée à la police il a été créé une brigade volante de sûreté qui a droit de perquisitionner dans toute l'étendue du territoire et de rechercher les criminels sur quelque point qu'ils se soient réfugiés. Le colon peut donc sans crainte s'établir où bon lui semblera; il rencontrera partout la même garantie et une sécurité bien plus assurée qu'en Algérie, où la fréquence des attentats est parfois un obstacle à l'extension des exploitations rurales.

# V

## Sousse. — El-Djem. — Sfax.

Le 15 avril, nous partons à six heures quinze du matin pour Sousse. La campagne que suit la voie ferrée est à ce moment de l'année dans toute sa splendeur; en filant à toute vapeur, nous ne pouvons nous lasser d'admirer les prairies verdoyantes parsemées de fleurs aux couleurs éclatantes, qui assemblent dans leur tonalité criarde les nuances jaune, vert et rouge des tapis de Kairouan.

Neuf heures cinquante. Nous traversons à une vive allure l'immense domaine de l'Enfida (120 000 hectares), exploité par une société agricole. Dans toute cette région la pluie est rare, et pendant qu'il tombe dans le Nord 90 centimètres environ d'eau annuellement, c'est à peine si les vastes plaines de l'Enfida en reçoivent 50 centimètres. Sur la gauche l'azur sombre de la mer. Après Aïn-Hallouf, Enfidaville, et au loin le pittoresque village de Takrouna, vieux nid d'aigle berbère perché sur un rocher aride qui surplombe de son à-pic les vallées environnantes; voici les plantureux vignobles de l'Enfida, auxquels succèdent les oliviers. A Sidi-Bou-Ali, près de la gare, fonctionne un curieux système de noria avec des outres qui puisent et montent l'eau au lent va-et-vient d'un chameau. Un braconnier arabe, son fusil sur l'épaule, nous offre des cailles à dix centimes pièce. C'est pour rien. Au fur et à mesure que nous approchons de Sousse, les champs d'oliviers deviennent plus denses, la culture plus soignée; ici généralement les arbres sont déjà d'un âge plus respectable, les carrés sont labourés avec soin, bien

que les moyens de culture paraissent tout à fait primitifs; des
femmes, des hommes, des jeunes filles retournent la terre rougeâtre avec une charrue de bois que traîne un chameau ou un
bourriquot. Nous laissons successivement à notre gauche
Kalaâ-Kebira et Hammam-Soussa avec leur ceinture d'oliviers,
leurs minarets et leurs maisons blanches aux reflets aveuglants
par ce grand soleil de midi. Nous voici à Kalaâ-Srira, point de

JEUNE FILLE INDIGÈNE.
(Phot. de M. Reymond.)

bifurcation de la ligne de Kairouan où s'arrêtent nos compagnons
de voyage qui doivent consacrer l'après-midi à la visite de cette
ville. Après une descente désordonnée à travers de beaux vergers d'oliviers, nous arrivons en gare de Sousse à midi vingt.
La caravane, réduite à seize personnes, est reçue au débarcadère
par M. de Dianous, contrôleur civil, qui souhaite la bienvenue et
nous accompagne à l'hôtel du Sahel, où nous déjeunons.

Ancienne capitale de la Byzacène, Sousse, qui à l'époque phénicienne et romaine portait le nom d'Hadrumète, est la cité

coquette par excellence. La ville s'étale en éventail entre un plateau et la mer où elle descend par étages, et par une pente rapide.
Vue du haut de la Kasbah, et de la terrasse de l'Hôtel du Contrôle civil, Sousse ressemble à Tunis, avec ses maisons blanches,
ses terrasses serrées de très près les unes contre les autres, ses
minarets, ses coupoles, ses ruelles étroites où émergent des
têtes de palmiers, ses remparts crénelés, mais elle a, en plus que

A KALAÂ-SRIRA. ARRÊT.
(Phot. de M. Roymond.

la capitale de la Tunisie, cet horizon de la mer d'un bleu sombre,
et les gracieuses incurvations de la côte jusqu'à Monastir dont
on distingue les maisonnettes à terrasses et les petites bastides
musulmanes dans des clos de figuiers d'Europe et de dattiers.
Longtemps, au haut de la Kasbah, je demeure en contemplation
devant ce magnifique spectacle, évoquant en moi les temps reculés
où Hadrumète accueillait dans son port le vaincu de Zama qui
emportait avec lui la fortune de Carthage; où Vespasien, alors
simple proconsul, à la suite d'une émeute populaire, était reçu

par une pluie de raves, de ces bonnes raves qui abondent encore sur les marchés publics de Sousse.

Sousse était désignée à l'époque romaine sous le surnom de Frugifera. C'est encore aujourd'hui le marché principal et le débouché des huiles d'olive. Dans les faubourgs modernes qui longent la mer, plusieurs usines récemment installées pour la fabrication de l'huile étalent leurs gigantesques cheminées de brique. MM. les instituteurs ont pu visiter quelques-unes d'entre elles, et notamment celle que possède la Société générale des huileries du Sahel, dirigée par M. Robert. Cette usine, admirablement installée, est immense et peut traiter jusqu'à 10 000 kilogrammes d'olives par jour. Après avoir obtenu l'huile d'olive, « dite vierge ou extra-fine », au moyen du broyage sous de puissantes presses hydrauliques, le marc est mélangé dans de l'eau chaude fortement agitée, et peu à peu se produit la séparation de l'eau et de l'huile qui est de qualité inférieure. Les tourteaux débarrassés des noyaux sont vendus à raison de 5 francs la tonne comme engrais. L'usine livre ses huiles de première et de seconde qualité de 60 à 75 francs la tonne, mais il faut ajouter les frais généraux de transport, de manipulation et d'entrée qui représentent environ 18 francs par 100 kilogrammes. Dans un bâtiment annexe on traite les grignons qu'on abandonnait autrefois, mais qui renferment encore 12 p. 100 d'huile et 25 p. 100 d'eau, au moyen du sulfure de carbone dissolvant des corps gras. Dans des cuves pouvant contenir 10 tonnes de grignons on fait arriver le sulfure par le bas et le contact dure neuf heures. Les résidus très combustibles sont employés au chauffage des machines à vapeur et les cendres sont utilisées comme engrais. Cette huile n'est pas comestible, elle sert à la fabrication des savons, et la marine française l'emploie pour le graissage des machines. L'usine est même en voie d'obtenir le monopole de la vente de cet article à notre marine militaire.

Le déjeuner terminé, nous commençons la visite de la ville sous la conduite de M. le Contrôleur civil. C'est d'abord le musée, qui renferme de très belles mosaïques exhumées dans les sous-sols de l'ancienne Hadrumète, de nombreuses poteries, une très curieuse collection de lampes, des fibules, des épingles de toutes formes, une fraction de pierre tombale de « Licius Silicius » soldat de la 3ᵉ légion Augusta longtemps stationnée en Afrique à Lambèse. Le musée se trouve dans la ville moderne, qui commence à se développer. Des hôtels, des cafés, des maisons très confortables avec de beaux magasins occupent la partie qui s'étend des remparts au port, et l'animation y devient chaque jour plus grande depuis surtout que les navires abordent à quai.

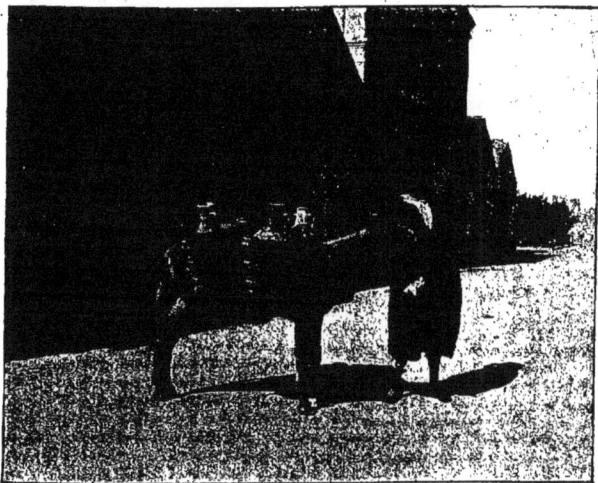

SOUSSE. UN PORTEUR D'EAU INDIGÈNE.
(Phot. de M. Reymond.)

De la terrasse du « Café de Bellevue » le spectacle de la mer et du port est unique.

Du musée, nous grimpons aux quartiers supérieurs par des ruelles étroites, semblables à celles de toutes les autres villes arabes. Nous traversons les souks assez animés et prenons une tasse dans un café arabe installé sous la coupole d'une vieille basilique chrétienne, à ce que prétendent les indigènes. Une visite qui nous a été particulièrement agréable est celle que nous fîmes à la salle d'honneur du 4ᵉ tirailleurs, installée au premier étage de la Kasbah. C'est un véritable musée archéolo-

8

gique et non des moins intéressants, car il est l'œuvre des officiers et des soldats qui se sont succédé dans la garnison de Sousse depuis l'occupation française. On retrouve, groupés là dans des vitrines ou apposés contre les murs, des lampes, des collections de monnaies, des anneaux, bagues, fibules trouvées dans des fouilles exécutées à Lampta, par des officiers du 4ᵉ tirailleurs, des fragments de mosaïque provenant de villas romaines avec d'expressives têtes de chevaux désignés par leur nom : « Amor », « Amandus », « Ferox »; d'autres représentent des poissons aux écailles multicolores et des scènes de pêche. Nous admirons enfin la belle panthère blanche dont la composition appartient à une école de mosaïstes d'un art plus raffiné. En présence de cette exhumation de la vie antique, nous ne pouvons nous empêcher de rendre un hommage mérité aux efforts de ces soldats et officiers dont l'esprit investigateur a si puissamment secondé l'œuvre des archéologues et des épigraphistes, et qui ont si largement contribué à étendre le champ des découvertes sur un sol qu'ils ont le devoir de défendre. Nous descendons lentement de la ville supérieure par une chaleur tropicale, à travers des ruelles pavées de gros galets sur lesquels le pied a quelque peine à se tenir en équilibre. Je relève en passant une très curieuse enseigne d'auberge : « Au veau qui tette », à côté d'une salle de danse et de maintien. Le long de la jetée, la population circule en habits de fête (car c'est le lundi de Pâques). On se presse autour du *Sénégal*, qui est venu faire escale dans le port au cours de la croisière organisée par M. Olivier, de la *Revue des sciences*. Mais voici l'heure du dîner, et comme nous avons à parcourir dans la journée du lendemain 138 kilomètres en voiture, nous devons ménager nos forces et prendre un peu de repos. Néanmoins, après souper, et avant de réintégrer la chambre, un sentiment de curiosité nous pousse au dehors; la lune projette sur les maisons blanches et sur les remparts de la ville sa lueur tremblante. Nous montons lentement le chemin de ronde qui longe le rempart, à travers des quartiers où s'agite une foule bruyante de soldats et d'indigènes, maltais, italiens, qui dansent dans des bouges éclairés par des lampes fumeuses, au bruit d'une musique endiablée. La compagnie ne paraît pas très sûre; et, grâce à un indigène qui nous ramène dans el bon chemin, nous regagnons le quai silencieux. Nous disons adieu à cette cité captivante, enveloppée dans sa masse blanche que la lune illumine d'une clarté égale. Devant nous les feux du *Sénégal* et des bateaux à l'ancre envoient sur les flots de longues traînées lumineuses. Tout dort, tout est silencieux, en dehors du

MONASTIR. PÊCHEUSES INDIGÈNES.
(Phot. de M. Versini.)

bruit monotone des flots et des aboiements d'un chien de garde qui jappe sur notre passage.


### 17 avril. De Sousse à Sfax. — El-Djem.

La journée du 17 avril doit être une des plus fatigantes de notre voyage à travers la Tunisie, car elle comporte un trajet d'une journée entière à travers le Sahel, de Sousse jusqu'à El-Djem, et d'El-Djem à Sfax où nous devons arriver dans la soirée. Nous sommes debout à quatre heures et demie. — A cinq heures les voitures nous emportent au grand trot à travers la

ville encore endormie, et bientôt nous dévalons à une grande
allure dans la campagne couverte d'oliviers, de magnifiques
jardins, de plantureuses cultures de fèves, de champs bordés de
cactus, où paissent çà et là en groupes serrés des moutons à
grosse queue qui malgré le goût de suint font le régal des indigènes. Des femmes, portées sur des chameaux ou des ânes, des
enfants, des paysans dont les jambes pendantes traînent sur le
sol se dirigent en longue file vers Sousse, avec, de chaque côté
de leur monture, des couffins gonflés de légumes destinés à
l'approvisionnement du marché. Des arabas chargés de paille,
des chameaux pliant sous des meules d'orge verte nous frôlent
le long de la route ; quelques conducteurs regardent avec curiosité ; d'autres passent indifférents, égrenant un chapelet dans leurs
mains calleuses.

A sept heures et demie, nous sommes en vue de M'Sachen,
grande agglomération agricole à qui on donne peut-être avec
quelque exagération 8 000 habitants. A plus d'un kilomètre de
long, sont rangés, en ligne droite et à gauche de la route, les
notables, en grand costume, les enfants des écoles, au nombre
de 90 sous la conduite de leurs instituteurs, et à leur suite, toute
la population mâle qu'amène, non point, comme on pourrait le
croire, un instinct de curiosité, mais le désir de témoigner ses
sentiments de sympathie aux représentants de l'enseignement
public, M. Bayet, M. Machuel et leurs compagnons de route.
Un enfant récite un morceau de poésie. M. Bayet et M. Machuel
le remercient et serrent affectueusement la main aux autorités
locales, qui nous souhaitent toutes sortes de bonheurs au cours
du voyage et font des vœux pour que, par notre intermédiaire, le
ciel leur envoie une pluie abondante, car la sécheresse règne
depuis plusieurs semaines et la récolte de céréales est fort compromise. Nous quittons M'Sachen pour gagner El-Djem où les
chevaux doivent relayer. Entre les deux localités le trajet est
assez monotone ; d'abord des oliviers, puis des champs de fèves
très fournis, avec autour l'uniforme rempart d'opuntia épineux.
Nous franchissons plusieurs chaînes de collines, à travers d'immenses étendues de blé ; par endroits la récolte s'annonce comme
assez bonne ; mais, dans d'autres régions, les blés sont maigres,
clairsemés ; la plante manque de force ; on sent que l'engrais et

l'eau font défaut. De loin en loin de rares fermes, avec çà et
là quelques misérables gourbis perdus dans l'épaisseur de la
brousse. Nous cheminons ainsi par une route uniformément
plate, et dans une plaine sans relief, depuis environ trois heures,
lorsqu'à l'horizon se dressent tout à coup au milieu d'un plateau
les ruines imposantes de l'amphithéâtre romain d'El-Djem.

Imprécise d'abord, la masse s'élève comme une tour colossale
qui domine de sa hauteur toute la plaine environnante. Et cependant la cote d'altitude n'est que de 112 mètres au-dessus du

EL-DJEM. L'AMPHITHÉÂTRE.
(Phot. de M. Morel.)

niveau de la mer. Il est onze heures quarante quand nous arrivons en vue du village d'El-Djem. Une surprise des plus agréables y attendait la caravane. Au moment où nos landaus débouchaient au grand trot du côté du bourg, des groupes de
cavaliers souassi, montés sur de magnifiques étalons, luxueusement harnachés, la croupe recouverte de housses aux couleurs
éclatantes, rouge, verte, jaune, orange, arrivent sur nous à fond
de train et, après avoir fait demi-tour, viennent se ranger au
bord du fossé, nous saluant d'un feu de salve dont les crépitements prolongés font retentir tous les échos d'alentour; les
chevaux se cabrent et se lancent dans un galop de charge désordonné; les tambours et les flûtes font rage, les enfants crient et

nous acclament, toute la population est accourue au devant de
nous, et le village est littéralement sens dessus dessous. Sauf à
Testour, jamais nous ne vîmes pareil enthousiasme. Pour mieux
jouir du spectacle, je descends de voiture, mais le caïd de
Mehdia, qui a dans sa juridiction le territoire d'El-Djem, et
qui s'est déplacé exprès pour nous faire les honneurs de son
caïdat, veut absolument que je partage son landau et m'oblige à
m'asseoir aux côtés de son secrétaire richement costumé. A vrai
dire, je songeais in petto que mon chapeau melon et mon veston
devaient faire piètre figure dans un pareil décor, et j'avoue que
je regrettais presque de ne pouvoir m'exhiber au milieu des indigènes toque en tête et paré de ma robe violette à titre de
réprocité!

C'est avec beaucoup de difficultés que nous parvenons à nous
frayer un passage jusque sur la place principale, où nous
sommes reçus par le caïd, le khalifa, fonctionnaire des plus
sympathiques qui a fait ses études au collège Sadiki et qui
parle très correctement le français. Le déjeuner a été préparé
chez l'instituteur et, la faim nous aiguillonnant, nous sommes
prestement installés dans une salle spacieuse et surtout très
fraîche, ce qui est précieux, car bien qu'au 17 avril, le thermo-
mètre marque 34° à l'ombre.

. Après avoir fait honneur au menu soigné, et surtout à certain
gigot d'agneau indigène dont on ne laissa que le manche, la
caravane se disperse pour visiter les ruines romaines et le village moderne qui en occupe la place. L'ancienne ville de Thysdrus dont on retrouve les nombreux restes fut une cité importante
à l'époque impériale, et quelques écrivains lui attribuent avec
une exagération évidente plus de 100 000 habitants. Comme
Hadrumète sa voisine, elle avait embrassé le parti de Pompée
contre César et, après la bataille de Thapsus, elle fut condamnée à
une forte amende en nature. Placée à l'entrecroisement de six
voies principales de communication, elle faisait un commerce
considérable de céréales et d'olives, et c'est dans ses murs que
Gordien fut proclamé empereur en 236 de notre ère. L'amphithéâtre, qui a été tant de fois décrit, rappelle dans des proportions moindres le Colysée de Rome. L'ellipse mesure 525 mètres;
le grand axe 169; le petit 124; la hauteur du monument est

d'environ 35 mètres. Il ne fut jamais terminé, et beaucoup de
pierres qui servent de clefs de voûtes ont été placées à l'état
fruste. Tel qu'il se présente aujourd'hui, l'amphithéâtre d'El-Djem
est encore imposant et donne une idée de la puissance avec
laquelle les Romains édifiaient leurs monuments publics; malheu-
reusement, les injures du temps se font sentir chaque année
davantage; les corniches supérieures s'effondrent; des parties se
lézardent et le dedans est encombré de blocs éboulés. On a bien
dégagé l'intérieur et l'enceinte des masures qui les déshonoraient,

EL-DJEM. L'AMPHITHÉÂTRE.
(Phot. de M. Georges Morel.)

mais il faudrait des sommes énormes pour en assurer l'entretien.
Les arcades servent de « buen retiro » aux indigènes, ce qui est
peu agréable pour le touriste et par cette chaleur. On me racon-
tait que ces ruines colossales causaient aux Arabes naturellement
superstitieux une mystérieuse terreur. Aucun habitant d'El-Djem
n'oserait pénétrer dans les solitudes de l'amphithéâtre pendant la
nuit, par crainte des esprits qui, d'après eux, y ont leur
demeure : aussi les contrebandiers y cachent en toute confiance
le produit de leurs fraudes, persuadés qu'aucun indigène n'oserait venir le leur dérober, car une main glacée saisirait inconti-
nent le téméraire assez hardi pour venir rôder dans les décom-

bres. M. Gauckler a publié sur l'ancienne ville de Thysdrus, et
notamment sur la façon dont elle était alimentée en eau, de très
intéressants travaux. Il a démontré d'une manière indubitable
que les Romains avaient fait de toute cette région un immense
verger, une forêt d'arbres fruitiers qui s'étendait sans interrup-
tion de Sousse à Sfax. Aussi, on s'est posé bien des fois ce problème, à savoir pourquoi on avait construit pour une ville en
réalité d'importance moyenne un amphithéâtre qui aurait pu
recevoir la population d'une cité de 200 000 âmes. Mais, précisément, dans cette région du Sahel Tunisien, ce ne sont pas les
agglomérations urbaines qui comptent, mais bien les exploitations rurales dont on retrouve des traces innombrables perdues
dans la brousse ou dans les vergers d'oliviers, fermes, moulins à
huile et à blé, établissements agricoles, ayant chacun sa citerne,
son puits avec des canalisations en terre, en pierres sèches et
même en maçonnerie, de façon à pouvoir amener l'eau dans toutes
les parties du domaine. Non seulement les villes, mais toutes les
campagnes étaient habitées. On ne peut pas parcourir un kilomètre dans la campagne sans rencontrer une ruine romaine, et
aujourd'hui, dans cette immense région quasi déserte, on ne
compte que trois villages !... Actuellement El-Djem avec ses puits
et ses citernes a à peine l'eau potable nécessaire à ses 2 000 habitants. Tous les travaux, œuvre des Romains, pour l'adduction, la
centralisation, la conservation et la répartition de l'eau sont
abandonnés et ruinés ; les canaux sont rompus, et, dans aucune
autre région de la Tunisie, on ne peut mieux faire la comparaison
entre l'intelligence pratique et les méthodes savantes des
Romains en matière d'hydraulique et l'incurie de leurs succes-
seurs. Un seul moyen resterait pour remédier à cet état de
choses, ce serait de creuser à El-Djem ou dans son territoire, en
vue d'emmagasiner l'eau pluviale, un ou deux bassins semblables
aux bassins des Aglabites à Kairouan.

   Mais nous n'en sommes pas quittes avec nos hôtes. Déjà flûtes
et tambourins nous convient au spectacle d'une fantasia donnée
en notre honneur par les cavaliers des Souassi. Sur la place,
devant l'école, la foule bigarrée nous attend avec la musique et
les étendards déployés. Nous traversons l'amphithéâtre dans
toute sa largeur pour assister au défilé des cavaliers. Rien ne

saurait donner une idée de l'admirable représentation qui nous attend. Dissimulés à nos yeux par un groupe de maisons arabes, les cavaliers au commandement, debout sur leurs étriers, le fusil en joue, défilent successivement un à un au galop de charge, poussant des cris sauvages, tirant des coups de feu, lançant par-dessus la tête leur fusil qu'ils rattrapent avec la plus grande

EL-DJEM. TONTE D'UN CHAMEAU.
(Phot. de M. Versini.)

aisance, et disparaissant emportés dans une course folle pour revenir après un temps de repos reprendre leur première position. Par un soleil aveuglant, sous ce ciel d'un bleu intense, au pied de cet amphithéâtre où, suspendus par groupes, les indigènes avec leurs burnous blancs sur ces ruines dorées, ressemblent à autant de statues antiques, muettes et immobiles, c'est vraiment splendide; rien ne manque à ce décor merveilleux, pas même le muezzin à la barbe vénérable, qui, pendant le défilé de la fantasia, clame du haut du minaret, par-dessus nos têtes, en se tournant successivement aux quatre points cardinaux : « Allah est grand et Mahomet est son prophète! » Après la scène du cheval mort,

9

avec les lamentations de son maître et les hululements de la femme bédouine, la fantasia est terminée. Nous nous préparons à regagner nos voitures, enthousiasmés par ce que nous venons de voir, lorsqu'au sortir de l'amphithéâtre, au bas des blocs éboulés formant muraille, nous apercevons accroupis, en rond, des musiciens préludant à un concert, avec cymbales, tambourins et flageolets. D'abord lente, monotone et plaintive, la note devient graduellement plus vive et plus entraînante. C'est l'orchestre des « Aïssaouas » qui convie les adeptes présents à leurs exercices habituels. Déjà rangés en ligne et faisant face aux musiciens, douze d'entre eux, les mains étroitement enlacées, commencent leur balancement en cadence, de droite à gauche et de gauche à droite alternativement; peu à peu la chaîne s'allonge, refoulant les assistants, et les oscillations reprennent plus fréquentes en avant et en arrière, les mouvements plus accélérés, une demi-heure durant, jusqu'à ce que les yeux hagards, leur mèche de cheveux éparse, le visage, le front et les joues ruisselant de sueur, les plus enragés entraînant les autres, ils s'excitent en s'embrassant, en se pressant convulsivement les uns contre les autres; un petit vieux au crâne chenu paraît le plus enragé; il se frotte le corps avec des raquettes de cactus, sans que l'épiderme en soit autrement endommagé que par des lignes blanches striées qui lui zèbrent la peau. L'un avale des clous; d'autres se roulent sur des feuilles de cactus; celui-ci les mange gloutonnement. L'un s'enfonce un poignard à travers la joue, l'autre se larde le ventre de coups de sabre sans qu'il jaillisse une gouttelette de sang. Mystère et fanatisme! L'instituteur me disait que, pensant nous être agréables, les chefs des Aïssaouas, en vue de notre visite, avaient fait rechercher le matin même dans les décombres de l'amphithéâtre une vipère « naja » et des scorpions pour les croquer sous nos yeux. Par bonheur, ils étaient revenus bredouilles de leur chasse, ce dont je me félicitais. J'avoue que ce spectacle avait quelque peu refroidi notre enthousiasme, et nous avions hâte de nous éloigner de ces bouches écumantes, de ces faces convulsées, de ces fronts inondés de sueur, qui répugnent à un étranger peu fait à ces scènes de sauvagerie que l'exaltation religieuse la plus sincère ne suffit pas à expliquer. Il est près de trois heures; déjà le soleil baisse, et nous avons encore 68 kilomètres pour gagner Sfax. Nous disons un dernier adieu à nos hôtes, nous serrons affectueusement la main de l'instituteur, en lui témoignant toute notre admiration pour la place qu'il a su prendre au milieu de ces indigènes encore si peu ouverts à nos mœurs et à notre civilisation. Instituteur et télégraphiste, isolé dans ce milieu étrange, M. Ramonet, par sa valeur personnelle, par son aménité, par les services de chaque jour qu'il rend aux habitants, est arrivé à gagner peu à peu leur confiance et leurs sympathies pour le plus grand profit de nos intérêts nationaux. Nous partons accompagnés par le khalifa et ses cavaliers qui nous font une escorte d'honneur à plus d'un kilomètre du village. Les adieux sont cordiaux et touchants, et nous ne laissons pas ignorer à nos hôtes que nous emportons de ce séjour à El-Djem d'inoubliables souvenirs. Longtemps, debout dans la voiture, je contemple cette masse grandiose de l'amphithéâtre, imposante encore dans sa décrépitude, qui lentement s'efface, noyée dans la pénombre crépusculaire.

D'El-Djem à Sfax, la route est monotone et sans relief. Plaine immense qui se déroule sans fin, avec des alternances de champs de céréales et de maigres oliviers; mais c'est la brousse qui domine, brousse séculaire qui a remplacé les forêts d'oliviers de l'époque romaine.

Il est six heures. Nous faisons halte, et prenons une tasse de café maure dans un fondouk. Des indigènes, arabes, nègres, bédouins, fezzanis, nous entourent; un vieux notaire, accroupi sur une natte, roule avec méfiance ses parchemins longs de plusieurs mètres pour venir saluer M. Machuel, qu'il reconnaît sans hésitation à la façon maîtresse dont il converse en arabe avec les hôtes du caravansérail; un jeune homme récite quelques surates du Coran devant le cercle des visiteurs, et nous remontons en landau. Deux ou trois arrêts, pour rafraîchir les chevaux aux fontaines, et nous entrons à Sfax à dix heures du soir.

# VI

### Dans les olivettes de Sfax.

Malgré la fatigue de la veille, nous sommes debout de
bonne heure pour aller visiter les olivettes de Sfax. M. le
Résident général tient essentiellement à ce que nous puis-
sions nous rendre compte par nous-mêmes de ce qui a été fait
ces dernières années, autour de cette ville et dans un rayon de
près de quarante kilomètres, au point de vue de la plantation de
l'olivier. A huit heures et demie du matin, nous sommes réunis
devant l'hôtel du Contrôleur civil, M. Fidelle, qui doit nous
accompagner assisté de M. Armand, contrôleur adjoint. Les
vaillantes bêtes qui nous ont amenés hier d'El-Djem vont nous
transporter au centre des plantations éloignées de dix-sept kilomètres environ de Sfax. Nous les plaignons sincèrement, d'autant
que la route à parcourir n'est point précisément commode. Nous
traversons au galop la ville que nous devons visiter le lendemain.
Une fois hors des remparts, le spectacle qui nous entoure est
vraiment enchanteur. De chaque côté du chemin, sur une étendue
de plusieurs kilomètres, se déroule une zone de verdure d'une
incomparable fraîcheur et qui contraste singulièrement avec ce
que nous avons vu jusque-là. Ce sont les jardins si réputés de
Sfax, clos par des murs en terre battue, surmontés au sommet
d'une épaisse haie de cactus épineux; c'est ce qu'on appelle des
« tabia ». Par-dessus ce singulier rempart, s'élèvent, à une
vigoureuse allure, des palmiers dont beaucoup sont incisés pour
la production du « lagmi » ou vin de palmier, des amandiers, des
caroubiers, des figuiers, des abricotiers, des cognassiers, dont

les fruits abondants et savoureux font la richesse du pays. Ces
jardins constituent l'originalité de Sfax; dans presque chacun
d'eux, est une maison de forme arabe, crépie à la chaux et qui a
parfois l'allure d'une forteresse. C'est là qu'habite une partie
de la population, indigène, qu'on n'évalue pas à moins de
15 000 individus. Les bourgeois riches de Sfax possèdent dans
leurs vergers de confortables villas où ils viennent se reposer le

GROUPE DE BÉDOUINES.
(Phot. de M. Versini.)

soir des labeurs de la journée, et chercher un peu de fraîcheur
apportée par la brise de mer; les indigènes des classes pauvres
y sont à demeure fixe; ils viennent en ville pour apporter les
produits maraîchers de leurs jardins, faire leurs provisions de
ménage, et, leurs affaires terminées, ils regagnent la campagne.
Rien n'est curieux comme ce va-et-vient incessant entre la ville
et les jardins de gens de toutes les conditions sociales, les uns
juchés sur des chameaux, les autres assis sur l'extrême croupe
d'un bourriquot, beaucoup à pied, quelques-uns en voiture, qui
s'entre-croisent, s'interpellent, se poussent, se bousculent, pour

disparaître dans un dédale de sentiers ombreux. Nous avons dépassé depuis quelque temps la zone des jardins et la route devient moins bonne; l'empierrement fait défaut, et dans cette piste sablonneuse, les chevaux tirent péniblement les véhicules. Dans les passages ardus, quand il faut gravir une montée, nos cochers excitent leurs bêtes avec un cri guttural particulier qui entraîne l'attelage et ravive son ardeur. Nous voici dans les premières plantations d'olivettes. A gauche, quelques gourbis adossés à la route abritent toute une tribu de Bédouins. Leurs femmes s'approchent sans fausse honte, poussées par un bien légitime sentiment de curiosité, et aussi pour mendier quelques pièces de monnaie, voire même des sous. Plusieurs sont jeunes, aux traits réguliers, et assez jolies. Elles semblent ne point l'ignorer et viennent causer familièrement avec nous. Comme toutes les femmes de leur race, elles portent une sorte de robe flottante de couleur bleue, retenue par de grosses agrafes en argent; sur la tête un fichu rouge bariolé et roulé en forme de turban; quelques-unes sont tatouées sur le visage et les bras, et portent aux oreilles de gros anneaux. Autour du cou des colliers avec des amulettes, des pièces de monnaie, et aux chevilles de lourds anneaux enroulés. L'une d'elles présente à M. Machuel son enfant atteint d'ophtalmie et grelottant de fièvre. Nous donnons à la mère et à ses compagnes quelques sous, et la joie éclate sur ces visages marqués d'une décrépitude prématurée.

Il est onze heures quand, après avoir gravi une colline, nous arrivons à la tente spécialement dressée pour nous recevoir et où une table chargée de mets nous attend. Nos hôtes ont bien fait les choses, car, en outre du menu, l'installation dans ce milieu peu habité tient véritablement du prodige. Divisée en deux pour le service, la tente en poil de chameau est rehaussée de tapis aux couleurs éclatantes : tapis de Kairouan, de Gafsa, nattes indigènes, toute la gamme y passe, bleu de ciel, rouge, jaune, vert, mauve; l'œil est séduit par ces chatoiements aux nuances variées, et se promène agréablement sur ces produits antiques de l'industrie indigène, chefs-d'œuvre des femmes arabes, qui deviennent de plus en plus rares, et dont la coloration criarde obtenue aujourd'hui avec des produits chimiques n'a ni le même éclat, ni

la même durée. De chaque côté de la tente, la vue s'étend au loin
sur la forêt des oliviers, et nous pouvons, tout en faisant honneur
aux mets, nous rendre compte, au cœur même du pays blanc
(Bokatel Beïda), de l'œuvre entreprise et de la ténacité louable
avec laquelle elle se poursuit depuis l'occupation française, grâce
aux capitaux que nous y apportons.

Toute la région qui constituait l'ancienne Byzacène, depuis

EL-DJEM. FEMMES INDIGÈNES AU PUITS.
(Phot. de M. Versini.)

Sousse jusqu'à Sfax, est éminemment propice à la culture de
l'olivier. Cet arbre, le premier des arbres, *prima omnium
arborum*, comme l'appelle Columelle, originaire de l'Asie
Mineure, entoure les côtes de la Méditerranée d'une ceinture inin-
terrompue, sauf en Égypte, où il a été remplacé par des cultures
plus rémunératrices. En Afrique, et notamment dans la Tunisie
centrale, dans cette terre rougeâtre, sèche, d'apparence stérile et
sur laquelle ne pousse qu'une végétation rare et chétive, l'olivier
se développe à merveille. Dans son remarquable rapport sur la
culture de l'olivier dans le centre de la Tunisie, M. Paul Bourde

nous montre ce qu'était cette culture à l'époque romaine, sous les Arabes, jusqu'à l'invasion hilallienne du milieu du xiᵉ siècle; comment elle a été abandonnée, et ce qu'elle peut redevenir grâce aux efforts persévérants de nos compatriotes. Rien que de la Byzacène parvenaient à Rome, au temps de César, un million de kilogrammes d'huile, et, à la mort de Septime Sévère, la Tunisie alimentait d'huile non seulement Rome, mais l'Italie tout entière qui avait abandonné la culture de l'olivier. On l'utilisait particulièrement dans les bains, dans les gymnases, parce qu'elle était réputée de qualité inférieure, et Juvénal lui-même se moque plaisamment de son odeur en disant qu'elle mettait en fuite les malheureux obligés de se baigner avec les sujets du roi Bocchus. Malgré cette infériorité, due à des procédés défectueux de fabrication, la région de la Byzacène était couverte de vergers d'oliviers au moment des premières invasions arabes. Lorsque, après la prise de Suffetula, où les envahisseurs trouvèrent un butin immense, leur chef Abdallah-ben-Saad, émerveillé, ayant demandé d'où pouvaient provenir tant de richesses, un des vaincus chercha par terre, ramassa une olive et la montrant, il répondit : « Voilà ce qui faisait notre fortune ». Les dévastations ordonnées par la reine, « la Kahena », pour arrêter l'invasion arabe firent disparaître beaucoup d'oliviers, mais l'immigration des 200.000 Arabes Bédouins et autres (1048), dite invasion hilallienne, porta le dernier coup à cette culture. Ce fut tout un peuple avec femmes et enfants qui, des déserts de l'Arabie, se transporta au cœur de la Tunisie, détruisant avec une fureur systématique les éléments de la vie sédentaire qui faisaient obstacle à l'exercice de la vie pastorale. Presque toutes les plantations d'oliviers aux environs d'El-Djem et de Sfax furent anéanties en quelques années par ces hordes d'immigrants qui rasèrent les arbres pour faire des pacages pour leurs troupeaux et transformèrent en un véritable désert ces plaines opulentes ombragées d'oliviers de Sfax à Tebessa. « Sur cette terre, dit M. Bourde, où des villages s'étaient touchés, quelques misérables tentes suffirent désormais à abriter une population extrêmement clairsemée, abandonnée à une existence d'agression. » Par suite de cet anéantissement, les 1.300.000 hectares du centre de la Tunisie qui sont propres aux cultures fruitières, envahis par la brousse, demeurèrent à l'état de jachère, valant dix francs l'hectare, alors que, plantés d'oliviers en plein rapport, le prix représente 800 francs. C'est ainsi qu'en appliquant à la colonisation romaine et notamment à la culture de l'olivier l'estimation contemporaine, on peut dire que les Romains avaient fait passer le sol de la Byzacène d'une valeur de 13 millions à une valeur de plus d'un milliard. Aujourd'hui, grâce à l'initiative de nos résidents généraux, grâce à l'apport des capitaux français, le progrès de la culture de l'olivier est énorme et s'accentue d'une année à l'autre dans des proportions qui ne peuvent manquer de frapper les esprits les plus prévenus. Les premières tentatives de reconstitution des olivettes ont commencé entre 1810 et 1820. Vers 1850, quelques hommes, parmi lesquels Si E.-Hadj-Mohammed Ettriki, encore vivant, adoptèrent et firent adopter une nouvelle méthode de complantation plus espacée (17 pieds à l'hectare), avec des alignements réguliers qui rendent les arbres plus beaux et plus fructueux. Ils inaugurèrent, comme le dit M. Bourde, ces magnifiques plantations qui donnent aux vergers des environs de Sfax la physionomie d'un parc à la française. En 1881, au moment de l'occupation, les plantations d'olivettes occupaient 18 000 hectares. Mais des circonstances particulières ont favorisé ces dernières années le développement de la culture de l'olivier. Il s'est trouvé que l'État, sur un rayon de près de 50 kilomètres autour de Sfax, est propriétaire du sol et des terres dites « sialines », appelées ainsi du nom de la famille Siala qui en avait acheté la concession en 1759. A la suite du progrès des plantations, et des conflits qui ne cessaient de se produire entre les Sfaxiens et les descendants des Siala à propos de la propriété du sol, le bey Mohammed Sadok reprit possession des terres sialines au nom de l'État en 1871, et l'administration domaniale les mit en vente en 1892 à prix fixe, en en permettant l'acquisition aussi bien aux indigènes qu'aux Européens, moyennant 10 francs l'hectare, dont 5 francs payables au moment de la vente et 5 francs quatre ans après l'achat. L'effet du décret de 1892 a produit des résultats auxquels on peut à peine croire, n'était le témoignage des chiffres. De 1891 à 1892, on a planté 20 000 hectares d'oliviers; on en compte aujourd'hui environ 135 000 hectares dont 30 000 acquis par la Société des phosphates de Gafsa. La mise en valeur de ces terres est généralement effectuée par les indigènes d'après le système de « la Merarsa », bail à complant avec transfert de la propriété au bout d'une durée de dix à quinze ans. Or comme la plupart de ces « Mhrarsi », sont des indigènes appartenant à la tribu des « Metellit » il y a là un excellent moyen de sédentarisation, de démembrement de la tribu et de constitution de la propriété individuelle. La mer d'oliviers qui s'étale au-dessous de nous compte 1 600 000 pieds dont 600 000 anciens. C'est, comme on le voit, la conquête progressive du désert; c'est, suivant l'expression d'un de nos diplomates, « la forêt qui marche ». Un ancien ministre, membre du Parlement, qui nous a accompagnés, a planté pour sa part 53 000 pieds d'oliviers dans la région de Sfax. Quand ces arbres seront en plein rapport, il y aura là un fort beau revenu, étant donné que, tous frais payés, un olivier adulte peut fournir un rendement de 2 à 3 francs par an. En somme, nous assistons à la reconstitution des olivettes de la colonisation romaine, et, dans quelques années, le rayon de culture autour de Sfax dépassera certainement 60 kilomètres. En présence de pareils résultats, on se demande si la Tunisie n'en viendra pas à un état de surproduction d'huile de nature à lui attirer des mécomptes. Il n'y a là que des craintes chimériques. Ces dernières années, la Tunisie, par suite de récoltes médiocres, n'a importé dans la métropole que 6 millions de kilogrammes d'huile, alors que la France, malgré sa propre production, est obligée d'en demander au dehors 18 millions de kilogrammes pour sa consommation annuelle. Quant à l'Europe, elle est tributaire des pays producteurs de l'huile pour plus de 40 millions de kilogrammes par année. On doit, comme on le voit, se rassurer, et M. Paul Bourde estime que nos colons peuvent planter encore 4 millions de pieds d'oliviers sans qu'il y ait pour la Régence aucune crainte de perturbation dans le commerce de l'huile. Actuellement les 100 kilogr. d'huile d'olive pris à Sfax valent 65 francs. Si l'on ajoute les frais de la manipulation, du transport et les droits de douane à l'entrée à Marseille (12,40 + 6,25), on trouve que le coût en est excessif et qu'il est difficile de faire concurrence aux produits similaires italiens; le jour où ces inégalités fiscales auront disparu, les huiles tunisiennes tiendront la première place sur les marchés européens.

Au cours de ces échanges de vues sur la production oléifère de la région sfaxienne, le dessert est arrivé. M. le Directeur de l'Enseignement primaire se lève le premier et porte la santé des autorités locales et des colons, notamment de M. Cochery, qui a donné une très vive impulsion aux plantations et il salue cette armée pacifique d'oliviers qui s'avance en bon ordre à la conquête du désert. M. le Contrôleur Fidelle porte un toast à M. Bayet et à M. Machuel. M. Cochery remercie, et boit à l'avenir de la Tunisie ; il souhaite et il espère que plusieurs des visiteurs du jour reviendront comme colons ou au moins y enverront quelques-uns des leurs ; il faut planter, dit-il, il faut gagner le désert : on arrivera ainsi à transformer le pays et à faire la richesse de la France au dehors. Il est bon de constater que les 8/10 des concessions en terres pour plantations d'olivettes ont été faites à des Français.

Toutes ces concessions ont été attribuées sous la condition expresse que les plantations devront être entreprises dans un délai maximum de quatre ans. Passé ce délai, si l'acquéreur ne s'est pas conformé aux prescriptions de l'acte d'achat, la concession est caduque.

Nous avons dit que les plantations d'olivettes se font par contrat entre le propriétaire acquéreur et les ouvriers indigènes ou M'gharci qui font les trous, préparent le sol, fournissent les éclats de bois pour la reproduction, plantent, taillent, avec leurs propres outils moyennant certaines avances (de 200 à 250 francs par 10 hectares, soit 174 pieds d'oliviers) faites par le propriétaire, qu'ils remboursent au bout de huit à dix ans et avec qui ils partagent la propriété de complantation sur une estimation d'experts. C'est ainsi qu'on procède à peu près partout, mais néanmoins certains acquéreurs de terres sialines ont fait la culture directe. On ne peut encore se prononcer sur les résultats que donnera ce mode d'exploitation. C'était un essai bon à tenter, et l'avenir dira ce qu'il vaut. On voit par là que pour nos colons français la culture de l'olivier, tout en étant d'un rendement avantageux, ne doit être tentée qu'avec la plus grande prudence ; il faut de gros capitaux et surtout il ne faut pas avoir besoin de l'intérêt de son argent, car l'olivier ne produisant qu'au bout de huit, dix et même parfois douze ans, on ne peut se risquer dans ce genre d'exploitation que si on veut faire un placement dont les intérêts ne se retrouveront qu'à longue échéance. Dans le sud de la Régence, et notamment à Sfax, la culture de l'olivier convient surtout aux capitalistes qui ont de grosses avances et qui font exploiter sans être obligés à la résidence.

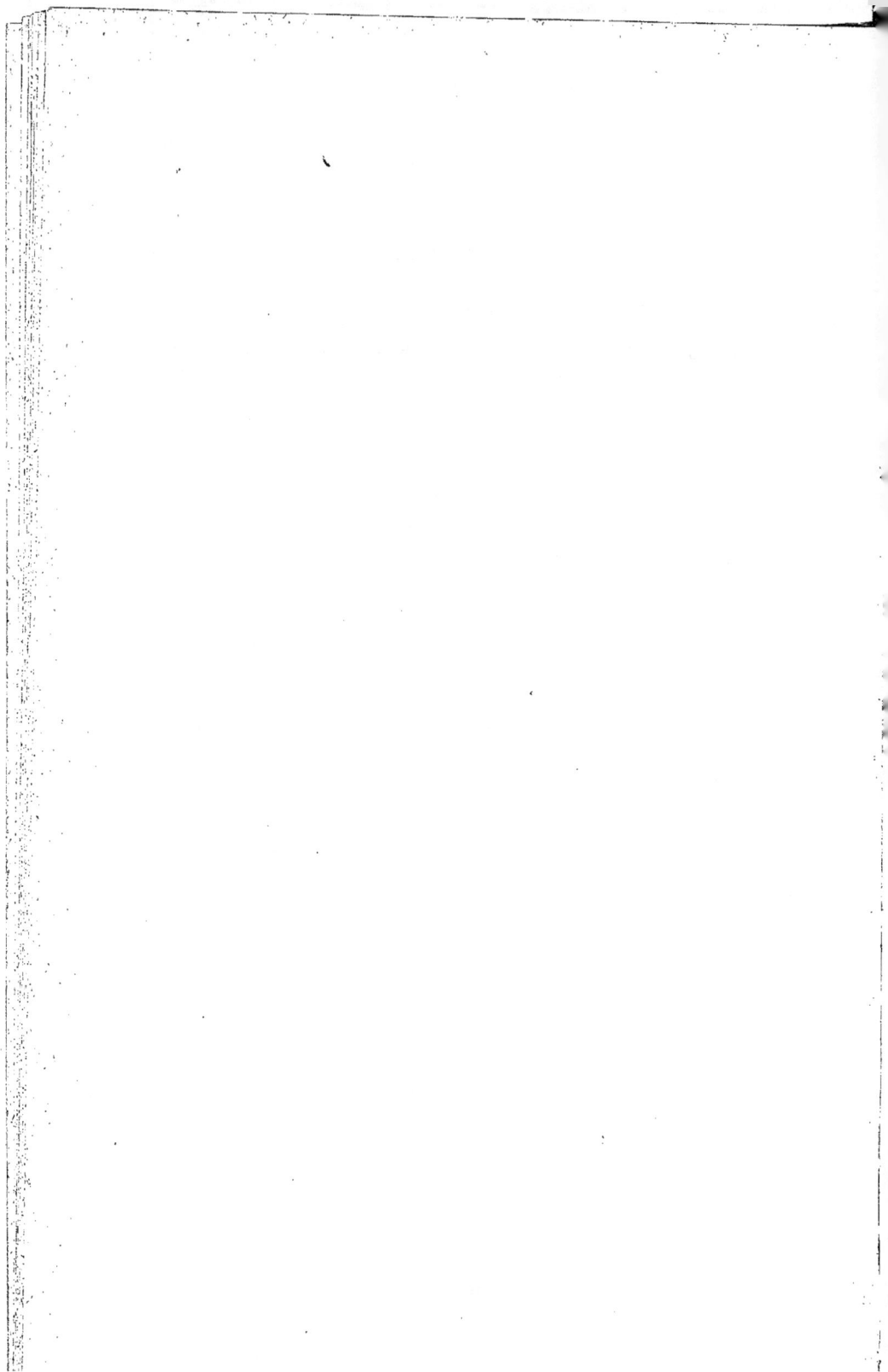

## VII

### A Sfax. — Les Écoles.

Sfax a eu depuis peu d'années un accroissement rapide, dû uniquement à la reconstitution de ses vergers d'oliviers. En 1853 elle comptait à peine 13 000 habitants; il y a six ans, elle en avait 35 000, et aujourd'hui on lui en donne près de 50 000. C'est la seconde ville de la Tunisie, et certainement une de celles qui ont le plus d'avenir, à cause des gisements considérables de phosphate de Metlaoui dont, grâce à la ligne ferrée de Gafsa, Sfax deviendra le principal débouché pour l'exportation. On me dit qu'il y a à Sfax 1 500 Italiens et 1 200 Français. Dans son ensemble, la ville n'a pas l'élégante coquetterie de Sousse, mais le quartier européen offre un coup d'œil agréable au bord de la plage. Comme Sousse, la ville est enfermée dans une ceinture de remparts élevés et crénelés. Au déclin du jour, nous allons visiter les citernes qui ont une certaine réputation. Il y en a 636; presque toutes ont été aménagées avec le produit de donations pieuses. Un mur épais les enveloppe et la surveillance en est confiée à un gardien qui a pour mission de tenir, la nuit, la grande porte fermée pour que personne ne puisse pénétrer à l'intérieur. Aucune bête de somme ne doit franchir l'entrée des citernes; l'eau y est renfermée sous de vastes dalles et puisée dans des gargoulettes de grès que l'on descend et que l'on remonte au moyen de cordes. Ce sont surtout les indigènes qui mettent les citernes à contribution, mais des canalisations récentes amènent en ville de l'eau potable, dont il ne faut user toutefois qu'avec modération, car elle est fortement imprégnée de sel de magnésie. Après la visite des citernes, on nous conduit, en voiture, au « Jardin d'essai » où, malgré les conditions défavorables du sol, nous remarquons quelques essences de belle venue, des aloès des îles Kerkennah, des acacias, des eucalyptus et des spécimens de plantes fourragères et alimentaires, telles que blé, orge, maïs, sorgho, qui réussissent assez bien en pays chaud, malgré la pénurie des eaux pluviales (environ 20 centimètres par an). Néanmoins le jardin est maigre et a besoin de beaucoup d'arrosage.

La soirée est consacrée à la visite des Souks. Le directeur des écoles indigènes, Si Tahar, veut bien nous servir de cicerone à travers ces ruelles grimpantes, bordées d'échoppes, où circulent de nombreux indigènes portant turban vert et babouches jaunes. Au détour d'un carrefour, un orchestre indigène, où juifs et musulmans symphonisent dans un accord parfait, nous accueille aux accents éclatants de la *Marseillaise*; et c'est la tasse de café maure en main que nous achevons cette journée si bien remplie pour aller prendre un peu de repos.

Si la journée de la veille a été à peu près uniquement employés à l'étude sur place des questions d'agriculture régionale, celle du 19 avril est réservée plus spécialement à la visite des écoles sfaxiennes. Nous commençons par l'école indigène dirigée par Si Tahar. Visitons d'abord la classe des débutants (enfants de douze à treize ans environ). Tous lisent facilement et désignent sans aucune hésitation les objets divers représentés sur les tableaux appendus aux murs de la classe. Il en est de même du mobilier scolaire à leur disposition, tables, chaises, bureaux, porte-manteaux, encriers, plumes; leur vocabulaire est très complet et sans aucune confusion. Nous sommes surtout frappés de voir un jeune élève qui étudie le français depuis deux mois écrire couramment sous la dictée et presque sans fautes d'orthographe. Au cours élémentaire (1re division), les réponses collectives des élèves sont promptes, exactes, marquées au coin de la plus grande précision grammaticale. Tous nomment couramment les objets d'usage journalier dessinés au tableau : un cuisinier, du charbon, un fourneau, l'eau (ils hésitent cependant à dénommer en français un robinet), un balai, une balance, une cafetière, un moulin à café, etc. L'élève qui donne à chaque chose son appellation en français, n'apprend notre langue que depuis quinze mois. Quelques-uns font des phrases comme « le lion mange de la viande de gazelle »; la plupart lisent facilement un livre de lecture français, et font des commentaires qui dénotent un raisonnement sûr et rassis. En arithmétique, ils ont vu les trois premières règles et ont commencé la division. Les exercices de calcul mental attestent beaucoup de réflexion et de facilité. Le cours supérieur compte 12 élèves de treize à dix-sept

A SFAX. VISITE DES ÉCOLES.
(Phot. de M. Morel.)

ans. La plupart apprennent le français depuis deux ans et demi à trois ans; quelques-uns en font même depuis quatre ans, mais ce sont les plus faibles et les moins intelligents. Tous lisent couramment, correctement, en dehors de quelques liaisons douteuses. Les exercices de récitation indiquent beaucoup d'aisance de mémoire et le ton s'adapte toujours au morceau; de temps à autre on peut surprendre une confusion dans le genre; ils disent « du soie » pour « de la soie », par la raison que ce mot est masculin en arabe. On peut avoir avec les plus intelligents de la classe une conversation suivie en français; ils saisissent immédiatement les questions posées et répondent avec la plus grande assurance. On donne à l'un d'eux cette phrase à écrire au tableau noir :

11

« Nous sommes heureux de la visite de messieurs les inspecteurs. Nous n'oublierons pas leur bonté. » Aussitôt l'élève prend la craie, il écrit *messieurs* avec un seul *s* et *oublierons* sans *e*. Un de ses camarades corrige sur-le-champ les fautes en ajoutant un *s* à *messieurs* et un *e* à *oublierons*, parce que, dit-il, « le verbe *oublier* est de la première conjugaison ». Avant de quitter la classe, M. le Directeur de l'Enseignement fait tracer au tableau noir cette phrase : « Messieurs les inspecteurs félicitent les élèves de l'école de Sfax de leur travail et de leurs progrès ». L'élève écrit sans faute et sans arrêt. Différents exercices montrent qu'ils connaissent d'une façon convenable les éléments de l'histoire de France, et qu'ils comprennent les morceaux choisis qu'ils ont entre les mains. Une question intéressante leur est posée à propos des professions qu'ils désirent embrasser à leur sortie de l'école.

Nº 1. Je suis né à Sfax, mon père est notaire, et je veux travailler plus tard avec lui pour la même profession.

Nº 2. Fils de commerçant, je veux ouvrir une boutique dans les Souks comme mon père.

Nº 3. *Id.*

Nº 4. *Id.*

Nº 5. Fils d'un employé de police, je veux me faire fonctionnaire. Pour cela je travaille en vue d'obtenir une bourse au collège Sadiki, à Tunis, et continuer ensuite mes études à la grande mosquée.

Nº 6. Notaire.

Nº 7. Commerçant.

Nº 8. *Id.*

Nº 9. *Id.*

Nº 10. Je désire, comme mon père, être cultivateur nomade.

Nº 11. *Id.*

On démêle bien là l'instinct tout particulier qui pousse aux professions commerciales les Sfaxiens comme leurs ancêtres les Phéniciens.

M. Bayet, très satisfait des réponses qu'il a obtenues et de la bonne marche des études, complimente maîtres et élèves et leur dit (ce qui paraît les flatter énormément) qu'il fera savoir à Paris que l'on travaille beaucoup en Tunisie. En réalité, les résultats

acquis après deux ou trois ans d'études du français sont vraiment surprenants et nous avons d'autant plus lieu de nous en
étonner qu'en somme, les élèves des écoles indigènes ne con-
sacrent pas en moyenne plus de trois heures par jour à l'étude
de la langue et de la grammaire françaises, puisque ces études
alternent avec les exercices de l'école coranique ; qu'en outre,
le vendredi et le dimanche sont des journées à peu près sacri-
fiées, et que, durant le mois du Rhamadan, les cours sont complètement désorganisés. Nous visitons successivement l'école
laïque de filles dirigée par une institutrice française. L'école est
installée dans une maison indigène louée ; elle compte 15 élèves
françaises, 42 italiennes, espagnoles ou grecques, une musulmane
de dix ans. C'est un fait unique à mentionner, car on sait que les
petites filles mahométanes, enfermées dès l'âge de la puberté,
comme leurs mères, sont élevées dans la plus grande ignorance.
L'école des garçons compte 115 enfants, dont 90 Israélites, et
30 Européens, dont 14 Français. Une école tenue par des reli-
gieuses et luxueusement aménagée dans un local neuf et spacieux
a 380 élèves et 8 maîtresses. Sfax possède encore une école
supérieure de garçons qui compte 42 élèves, dont 12 au cours
supérieur. Nous sommes frappés de la bonne tenue des cahiers,
et nous examinons avec intérêt la bibliothèque de prêt populaire
exclusivement composée d'ouvrages de littérature française,
d'histoire, de romans contemporains surtout. Grâce à un ingénieux système de carte délivrée moyennant 50 centimes à chaque
lecteur, les livres prêtés au dehors rentrent aisément sans qu'il
soit nécessaire de les réclamer aux emprunteurs et sans qu'il y
ait des volumes perdus ou égarés, comme il arrive trop souvent
dans nos bibliothèques de la métropole.

L'impression que nous emportons de cette visite rapide à
travers les établissements scolaires de Sfax est des plus favo-
rables. Nous y avons pu juger de la facilité que les jeunes Arabes
montrent pour l'étude de notre langue, de leur aptitude d'assimilation, de leur goût prononcé pour l'étude et de leur esprit de
soumission et d'obéissance vis-à-vis de leurs maîtres. Nous nous
étonnons moins encore de ces constatations alors que les officiers
chargés d'instruire les indigènes incorporés dans les régiments
de tirailleurs sont à peu près unanimes à déclarer qu'après

quelques mois de séjour au régiment, ils sont beaucoup plus avancés que les autres dans la pratique des exercices militaires. La sirène de l'*Eugène Pereire* mouillé dans le port nous rappelle à la réalité ; il est déjà 3 heures et demie et le bateau part à 4 heures pour Sousse où nous devons arriver à l'aube. Il faut se hâter. Nous courons au port où nous ont déjà précédés les maîtres des écoles, qui nous saluent respectueusement en nous souhaitant bonne traversée.

Du pont du transatlantique, notre vue embrasse le panorama de Sfax illuminé par le soleil couchant, et, ce qui est incomparable, l'immensité de ses jardins avec leurs maisons blanches s'alignant sur plusieurs kilomètres d'étendue. A nos pieds la foule des Sfaxiens circule sur la jetée, regardant le bateau qui glisse vers la haute mer. Le port de Sfax n'est ouvert que depuis 1897. Avant les travaux exécutés, il fallait traverser la rade sur des allèges, pour gagner la côte, et non sans danger surtout quand soufflait une tempête de vent d'est. Un long chenal de 2 kilomètres avec, au plafond, 6 m. 50, a été creusé, qui permet maintenant aux transatlantiques d'aborder à quai. C'est là encore une des causes de l'essor commercial qu'a pris la ville depuis ces dernières années. Deux autres chenaux plus étroits ont été ouverts pour les barques et les petits bâtiments de pêcheries qui viennent des îles Kerkena, de Sicile et même de l'archipel. Mais déjà le soleil a disparu à l'horizon ; c'est à peine si la ville paraît comme un point blanc dans la pénombre ; brisé de fatigue, je gagne ma couchette, où un somme réparateur me remettra du surmenage de ces dernières journées.

# VIII

## Kairouan.

*Trois heures et demie du matin.* — L'*Eugène Pereire* est à quai; chacun se précipite au dehors, bagages en main, pour gagner la gare où doit nous prendre le premier train pour Kairouan. Le ciel menaçant depuis la veille a pris une teinte gris sombre et une pluie fine et serrée n'a cessé de tomber durant la nuit. Décidément, nous avons porté bonheur aux braves gens de M'Sachen qui doivent poursuivre de leurs bénédictions les hôtes de passage auxquels ils attribuent ces ondées fécondantes pour les campagnes altérées. Mais, hélas! pour nous quelle désillusion, et qui reconnaîtrait cette sémillante ville de Sousse aux blanches terrasses, sous un voile de nuages sombres, les rues et les places inondées de larges flaques d'eau où barbotent dans un indescriptible pêle-mêle, encore à moitié endormis, nos compagnons de route. Les indigènes, avec leurs burnous ruisselants de gouttelettes, leurs babouches maculées ou les pieds nus, font triste figure sous l'averse incessante; les portefaix chargés de nos paquets s'avancent d'une allure piteuse, et nous-mêmes pressons le pas sous le coup du désenchantement que donne le spectacle d'une cité orientale sous un ciel pluvieux et morne.

*Cinq heures dix.* — En route pour Kairouan. La pluie continue à fouetter les vitres du wagon pendant que nous filons au milieu de ces plaines sans fin, couvertes de champs de blé verdissants, d'oliviers et de cactus. Voici Sidi-El-Hani, où est installé un camp militaire occupé par des tirailleurs, et la plaine s'allonge, s'allonge toujours, d'une infinie tristesse; peu à peu la pluie cesse par

intermittence, mais le ciel demeure bas et gris, et le soleil absent.
Au fur et à mesure que nous approchons de Kairouan, le sol
devient moins fertile, les champs de céréales plus maigres; çà et
là des mares grouillantes où s'ébattent des canards sauvages et
des grèbes, de vastes plaques terreuses pelées avec des efflo-
rescences salines qui marquent des taches sombres. N'étaient de
petits bergers coiffés de la chéchia, qui gardent dans ces tristes
pacages des troupeaux de chèvres et de chameaux, on se croirait
en pleine Camargue, tant l'aspect du sol diffère peu. Dans la
plaine, des gourbis, d'où monte un filet de fumée, des moutons,
des bourriquots broutant une herbe rare et saline, des femmes
indigènes qui lavent leurs guenilles dans une mare infecte, un
pasteur arabe qui, tout en surveillant son troupeau, roule entre
ses doigts les grains de son chapelet; et ces tableaux d'une uniforme monotonie se déroulent sans changement de décor, quand
tout à coup la pluie cesse, un rayon de soleil troue la couche
épaisse des nuages, et un minaret surgit à l'horizon. C'est
Kairouan! Que de souvenirs de fanatisme farouche ce nom
n'éveille-t-il pas dans nos âmes. Kairouan, la « ville sainte », la
cité des Aglabites, des Fatimites, la ville aux 23 grandes mosquées
et aux 86 zaouïas! Dans sa ceinture de remparts, la ville s'étale
devant nous avec ses coupoles, ses minarets, au milieu d'une
plaine sans arbres, sans relief, sans végétation autre que d'immenses champs de cactus, que les indigènes gardent avec un soin
jaloux pour leur nourriture et celle de leurs troupeaux. Aucune
culture maraîchère, aucun jardin, aucun arbre; tout dans le
pourtour immédiat de la cité sainte semble frappé d'infécondité.

*Sept heures et demie.* — *En gare.* — Le train stoppe, et nous
sommes reçus à la descente par le contrôleur civil, le Khalifa et,
détail à noter pour une ville essentiellement musulmane, par le
bach mufti et les muftis. Une grande animation règne dans la
cour de la gare : des carrosses d'un autre âge, un surtout, et
que d'aventures il a dû avoir avant de venir s'échouer au fond de
la Tunisie! attelés de mules rétives, des fiacres, des landaus,
nous emportent à travers les ruelles étroites, mal pavées, rasant
des maisons de brique sans fenêtres avec des portes ornées de
gros marteaux-heurtoirs en fer à cheval et de clous à tête dorée.
Voici d'abord la mosquée des Trois-Portes et sa curieuse façade

du XVIᵉ siècle; puis la grande mosquée de Sidi Okbah, son
minaret avec ses coupoles à côtes, sa grande cour dallée à double
cloître, ses immenses citernes, ses colonnades avec des chapiteaux romans, et sa porte centrale, qui est un chef-d'œuvre
justement admiré. Nous pénétrons à l'intérieur, guidés par des
gardiens qui retirent avec précaution les nattes sous nos pieds.
Rien ne frappe comme les proportions mêmes du monument;

KAIROUAN. GRANDE MOSQUÉE.
(Phot. de M. Roymond.)

ses voûtes surbaissées reposent sur deux cents colonnes de
marbre, de jaspe, d'onyx, de porphyre aux couleurs variées et
surmontées de chapiteaux dans tous les styles, qui souvent super-
posés deux à deux jurent avec le fût qui les supporte. La grande
mosquée, si l'on y regarde de près, n'est faite qu'avec les
dépouilles des monuments romains, temples de Sabra, palais,
villas qu'on a outrageusement pillés à Hadrumète, à Lempta, à
Carthage, voire même jusqu'en Sicile. L'intérieur avec ses tra-
vées en bois peinturlurés, ses lustres garnis de verres, n'est imposant que par son immensité. Nous y admirons quelques jolis

vitraux, le « Mihrab » ou « Member », la chaire du xiiie siècle qui
est une vraie dentelle de bois, et nous grimpons au minaret. Mal-
heureusement, le temps n'est point favorable ; sous ce ciel gris et
bas, sans soleil, avec des intervalles de pluie, la ville sainte est
maussade, sans éclat, perdue comme un îlot sombre, au milieu
de cette vaste plaine nue que barre à l'horizon le massif de
l'Ousselet et du Djebel Trozza. Vite nous remontons en voiture
pour gagner la mosquée dite « du Barbier », qui est à quelque
distance de la ville. Ici c'est le style arabe dans toute son originalité, avec des ornements en plâtre ajouré et découpé comme
on en rencontre tant en Algérie, au Maroc et en Espagne ; les
murs des couloirs et des galeries sont décorés de magnifiques
faïences fond bleu avec arabesques couleur jaune. La cour intérieure est entourée de portiques à arcades qui reposent sur des
colonnes en marbre blanc, sans ornement ; les plafonds, les murs
sont émaillés de faïences d'un grand effet. Les cours sont pavées
de grosses dalles de marbre blanc. Au fond se trouve le tombeau du compagnon du prophète, Sidi Essaheb, sous un amoncel-
lement de tapis indigènes aux couleurs les plus variées, d'étendards de toute dimension, de sacs sphériques appendus qui
contiennent de la terre apportée de la Mecque par des pèlerins.
La salle où repose le corps de Sidi Essaheb est un lieu de prières
très fréquenté ; à genoux, un chapelet à la main, un verre d'eau
à portée, plusieurs Arabes prient avec ferveur et ne sont pas
autrement incommodés par notre présence. A la visite des
mosquées succède celle des souks, qui nous semblent au-dessous
de leur réputation ; les fabricants d'aiguières, d'encriers et autres
objets en cuivre repoussé se font de plus en plus rares ; le commerce des tapis ne paraît pas non plus achalander beaucoup les
boutiques, et l'industrie locale tend de plus en plus à envoyer
ses produits dans les souks de Tunis, où l'écoulement est plus
facile et mieux à portée de ce va-et-vient de touristes et de
curieux dont la foule ne pénètre pas à l'intérieur du pays. Nous
terminons notre trop courte excursion à Kairouan par une inspection à l'improviste des écoles. Celle des garçons compte une
vingtaine d'élèves de nationalités les plus diverses, et chose non
moins remarquable, il semble que l'harmonie la plus parfaite
règne dans cette vraie tour de Babel de l'enseignement primaire.

On compte à cette école 4 jeunes mahométans, 5 Français, 12 Italiens, 3 Espagnols, 1 Maltais, 4 Israélites. L'école de filles, qui est contiguë et dirigée par la femme de l'instituteur, présente à peu près les mêmes bigarrures au point de vue des nationalités. L'école des garçons purement indigène est très bien tenue; les élèves interrogés répondent aux questions posées avec cette précision, cette sûreté et surtout cet à-propos que nous avons déjà constatés à Sfax et qui nous frappera partout au cours du voyage.

Longtemps réfractaire à notre civilisation, la population indigène de Kairouan est devenue plus accessible à nos mœurs. L'instituteur me donne ce détail suggestif : jusqu'à ce jour les Kairouanais étaient radicalement hostiles à la vaccination, et, comme dans beaucoup de centres populeux de la Régence, la variole faisait parmi les indigènes, surtout parmi les enfants et les adultes, des ravages effroyables. Cette année 600 habitants de la population musulmane ont consenti à se laisser vacciner.

Placée au centre d'une région très fertile en céréales, au milieu d'une plaine immense avec des landes désertes, des Sabkha ou marécages salés, Khairouan est un des grands marchés d'exportation des grains que cultivent les zlass, et le rendement, les bonnes récoltes, atteint de 15 à 18 millions de francs. Au cours de ces dernières années, notamment en 1897 et 1898, le service du domaine a porté plus particulièrement son attention sur les locations de terrain faites aux indigènes, en substituant à l'arbitraire une réglementation conforme au décret du 6 septembre 1897, c'est-à-dire des tarifs de location fixes correspondant à des territoires dont la contenance a été exactement mensurée. Des gardes assermentés, pourvus de connaissances agricoles et munis des pleins pouvoirs des gardes champêtres, ont été substitués aux caïds pour la liquidation et l'établissement des redevances et des taxes. Cette réforme, en même temps qu'elle assure un rendement plus régulier et plus fructueux au Trésor, ouvre ces territoires à la colonisation et facilite l'évolution progressive des indigènes vers une meilleure utilisation du sol. La ville se modernise, bien que le progrès soit plus lent que dans les cités côtières, comme à Sousse et à Sfax. Le quartier européen qui avoisine la gare commence à prendre tournure et il y a tout

autour des hôtels assez confortables. Le mouvement de colonisation s'accentue également et le nombre des Français établis à
Kairouan, qui était de 225 en 1896, est passé à près de 400. Il
est fâcheux que, par suite du manque d'eau, les récoltes subis-
sent de fréquents aléa, et qu'on ne compte faire plus d'une bonne
année sur trois et même parfois sur quatre.

Il est midi quand nous descendons à Kalaâ-Serira, où un excellent déjeuner nous attend au buffet de la gare. En route, nous
sommes rejoints par nos compagnons, MM. les Instituteurs, qui
nous accueillent débordant d'enthousiasme, rapportant de leurs
excursions toutes sortes de souvenirs et notamment des couffins
chargés de gargoulettes, de vases et autres poteries de Nabeul,
qui, hélas! n'ont eu pour la plupart qu'une existence éphémère.
A sept heures, nous arrivons en gare de Tunis émerveillés de
tout ce que nous avons vu pendant cette absence de cinq jours,
et surtout profondément touchés de l'accueil que nous avons rencontré partout auprès des populations indigènes et européennes.

# IX

## Moknine. — L'Enfida. — Nabeul.

De leur côté, les instituteurs ne tarissent pas d'éloges sur la réception qui leur a été faite à l'Enfida, à Moknine, à Kesser-

A NABEUL. FEMMES INDIGÈNES SUR LES TERRASSES.
(Phot. de M. Reymond.)

Hellal, à Nabeul. Dans cette ville en particulier, la démonstration a été grandiose; près de quatre mille personnes attendaient à la gare les voyageurs avec treize étendards; les femmes elles-mêmes, montées sur les terrasses, poussaient des you-you de contentement.

Magnifique repas chez le caïd avec concert où la flûte, la tarabouka, et les tambourins plats ont fait merveille; visite au palais arabe, aux jardins d'orangers, aux parfumeries et aux poteries locales si curieuses. Au dessert, MM. les Instituteurs ont entonné tous ensemble la *Marseillaise*, debout et chapeau bas.

A Moknine, centre d'un des marchés les plus importants de

A MOKNINE, L'ARRIVÉE A LA GARE.
(Phot. de M. Accary.)

la région, réception non moins chaleureuse, par toute la population, khalifa en tête et bannières déployées. MM. les Instituteurs ont visité le marché, qui se tient dans un vaste champ clos d'un mur d'enceinte. Ils ont pu se rendre ainsi compte du prix courant des animaux et de la plupart des denrées indigènes : une vache moyenne, de 60 à 100 fr.; un cheval tunisien, de 200 à 250 fr.; un chameau, 200 fr.; un âne, 25 fr.; la viande de mouton, 60 cent. le kilogr; le double-décalitre de maïs, 2 fr.; les fèves fraîches, 10 cent. le kilogr; une caille, 25 cent., etc.

Le khalifa offre aux excursionnistes une *diffa* pantagruélique, pour laquelle on avait fait une hécatombe de 22 moutons dont 8 rôtis à la broche. En voici le menu :

Pommes de terre aux tranches de mouton.

Fèves fraîches au mouton.

Agneaux cuits au four.

Cous-cous.

Corbeilles de mandarines.

Comme boisson, du lait.

Au dessert, l'infatigable M. Versini porte un toast à la popu-

UN CHARMEUR DE SERPENTS.
(Phot. de M. Reymond.)

lation de Moknine, à son dévoué khalifa, qui répond en arabe.
M. Sadok sert d'interprète et tous les assistants s'associent par
des bravos répétés aux paroles prononcées qui démontrent une
fois de plus les sympathies que la France a su se créer parmi les
indigènes et leur attachement au gouvernement du Protectorat.
Une visite à Kesser-Hellal montre aux membres de la caravane
la fabrication des tissus avec l'outillage indigène, c'est-à-dire
tout ce qu'il y a de plus primitif, et à côté duquel les anciens
métiers de nos tisserands dauphinois constituaient un progrès :

chaîne, trame, navette, battant, lisse, écheveaux, tels sont les termes de ce tissage et du métier que les indigènes manœuvrent

A KABEUL. RÉCEPTION DE LA CARAVANE.
(Phot. de M. Reymond.)

avec leurs pieds. Tous ces détails de l'industrie locale ont beaucoup éveillé la curiosité de nos maîtres, qui en tireront certainement grand profit pour leur instruction personnelle.

# X

## A Tunis.
### Bal à la Résidence. Le punch universitaire.

La journée du 21 est une véritable journée universitaire;
visite aux établissements scolaires de Tunis : école supérieure
de filles, cours secondaires, collège Sadiki. Nous n'insisterons
que sur ce dernier établissement à cause de son caractère particulier. Fondé en 1876, par S. A. le bey Mohammed-el-Sadock,
sous le ministère du général Khérédine, le collège Sadiki fut doté
avec les biens confisqués au trop fameux Khasnadar. Ces biens
déclarés « habbous » sont inaliénables; la gestion en est confiée
à un administrateur placé sous les ordres du directeur de l'établissement et surveillé par un conseil d'administration de huit
membres, dont la présidence appartient au directeur de l'enseignement public. Le collège, dont les revenus sont considérables,
a un fond de réserve de 150 000 francs. Trois notaires et un secrétaire sont attachés à l'établissement avec charge de suivre les
procès nombreux que suscite l'administration des biens et de tenir
un inventaire exact de la situation financière de la maison. Recruté
autrefois par la voie du tirage au sort, le collège Sadiki est ouvert
maintenant au concours; il compte 140 élèves, dont 40 pension-
naires complètement boursiers, et 100 demi-pensionnaires entretenus dans leurs familles aux frais de l'établissement. Au point de
vue de l'enseignement, les élèves sont divisés en sept classes. La
classe la plus élevée comprend des jeunes gens de seize à dix-
huit ans, tous musulmans. Les élèves étudient la grammaire et la

langue française, le droit usuel arabe, et nous sommes étonnés de voir qu'ils répondent en connaissance de cause aux questions diverses qui touchent à la constitution de la propriété indigène, biens habbous, enzells, domaine utile, immatriculation foncière ; tous ces détails paraissent leur être familiers, et ils n'ignorent rien des litiges ordinaires auxquels donnent lieu les divers modes de propriétés rurales. Dans les classes moyennes, nous constatons des connaissances solides en géographie de l'Europe, en arithmétique ; les élèves qui composent la 2e classe correspondant à la 6e moderne étudient le français depuis cinq ans. Dans la classe équivalente à la 4e moderne les cahiers sont bien tenus et scrupuleusement corrigés. Un des élèves, fils du khalifa (sous-caïd) à Enfidaville, apprend le français depuis son jeune âge ; un autre né à la Manouba a toujours fréquenté le collège. Une école annexe, rattachée à l'établissement, reçoit des enfants de treize à quinze ans qui se préparent au certificat d'études primaires, et l'administration considère comme une excellente mesure qu'ils se présentent à cet examen bien plus tard qu'en France, alors qu'ils ont acquis une certaine maturité scolaire. Nous avons tenu à mettre en relief l'organisation de cet établissement, parce qu'il joue en Tunisie un rôle considérable ; c'est là en effet que se préparent la plupart des fonctionnaires indigènes, caïds, khalifa et les agents subalternes attachés aux contrôles comme scribes, secrétaires, interprètes. Ils rendent plus tard de réels services à l'administration du protectorat, et ce sont des auxiliaires sûrs et dévoués de notre action sur les indigènes. Le collège, récemment reconstruit, est un vrai bijou d'architecture du genre mauresque ; les dortoirs, les réfectoires, les classes sont d'une irréprochable propreté. Du Belvédère et des galeries supérieures on a un des plus beaux points de vue sur la ville et les environs et sur le golfe de Carthage.

A une semaine aussi chargée pour tout le monde, M. le Résident général, toujours soucieux de ce qui pourrait être agréable à ses hôtes, avait voulu réserver une surprise mondaine, qui a été pour nous un véritable enchantement, en même temps qu'une occasion de voir de combien de sympathies vraies et sincères sont entourés M. le Ministre de France et Mme Millet, qui sait faire avec tant de grâce, de bonté et de distinction les honneurs de la « Maison de France ». Un grand bal réunissait dans la soirée du samedi les sommités du fonctionnarisme tunisien, tous les chefs de services, officiers généraux, membres de la conférence consultative en ce moment en session, diplomates, consuls, en un mot toute la colonie européenne et les instituteurs de France. Tous ont pu admirer, bien que peu faits à la vie mondaine, l'éclat des costumes, la grâce étrange de certaines danseuses, l'ornementation orientale des vastes salons, avec des gerbes de lumière électrique, et enfin la luxueuse installation du buffet où le champagne aux fraises fut, de l'avis unanime, reconnu de beaucoup supérieur au lait de chamelle qui avait accompagné certaine diffa par trop couleur locale. A minuit les hommes raisonnables prenaient congé pendant qu'un violent orage faisait ruisseler les rues de la blanche Tunis endormie.

Avant le départ de la caravane, une autre fête devait réunir à l'Hôtel des Sociétés françaises tous les groupes universitaires en un punch monstre offert par M. le Directeur de l'Enseignement en Tunisie. Dès huit heures et demie, plus de cent personnes avaient pris place autour des longues tables surchargées de bouteilles, de verres, de bols, de cigares et de cigarettes. Aux membres de la caravane, tous présents, s'était joint M. Georges Morel, inspecteur général de l'enseignement secondaire, en ce moment en tournée d'inspection. Parmi les invités, des personnalités marquantes de Tunis, M. le président Fabry, M. Tauchon, contrôleur civil, M. Homberger, président de la Chambre de commerce, et d'autres fonctionnaires. Quand le bruit des conversations particulières s'est peu à peu calmé, M. le Résident général se lève et prononce le magistral discours que nous sommes heureux de reproduire in extenso :

MESSIEURS,

« En vous souhaitant la bienvenue, je vous disais tout ce que j'espérais de votre voyage en Tunisie.

« Vous n'avez pas encore quitté le sol tunisien, et déjà mes espérances se trouvent amplement justifiées. Je sais, en effet, quels regards attentifs vous avez promenés autour de vous.

« Vous avez joui des aspects pittoresques de ce beau pays; mais, répondant d'avance à ceux qui accusent nos visiteurs de

13

n'apporter ici qu'une curiosité frivole, et à nous de leur présenter
une Tunisie de parade, vous marchiez le crayon à la main, avides
de renseignements précis. Et tandis que vous acceptiez joyeuse-
ment les hasards d'une hospitalité improvisée, vous n'avez pro-
féré de plainte que lorsque l'heure trop brève vous empêchait
de mettre au courant votre carnet de notes.

« Pendant ces deux ou trois jours qui vous restent, vous allez
compléter ces impressions, nécessairement passagères, en visi-
tant quelques-unes de ces petites exploitations agricoles que
votre utile propagande est destinée à développer. Je laisserai
à de plus compétents que moi — par exemple à cet apôtre de la
colonisation qu'on appelle M. Saurin — le soin de vous expliquer
à quelles conditions les petits cultivateurs français peuvent
réussir en Tunisie.

« Mon rôle, à moi, est de dégager en deux mots le sens, la
portée générale de cette excursion.

« La France, messieurs, a conquis un admirable domaine colonial, le plus vaste et le plus divers qu'elle ait jamais possédé.
Il lui reste maintenant à le mettre en valeur.

« Que lui manque-t-il pour cela? Quoi qu'on en dise, ce ne
sont ni les hommes ni les capitaux. Elle possède des financiers
aussi hardis, des commerçants aussi avisés que les autres nations,
et, peut-être, les meilleurs agriculteurs du monde; que lui faut-il
donc? deux choses : *connaître son domaine, avoir foi dans son
œuvre.*

« Connaître son domaine : si bizarre que cela puisse paraître,
nous sommes des conquérants et nous connaissons mal nos con-
quêtes. Cela tient à ce que nous avons été conquérants malgré
nous. Quand on étudiera l'histoire des vingt dernières années,
on verra, avec stupeur, que les Français ont accompli une œuvre
gigantesque presque sans le savoir et sans le vouloir. Leur pensée
était ailleurs, du côté de la frontière. Ils sont partis pour la
croisade coloniale sans conviction, disputant sans cesse à leurs
chefs la confiance et les crédits, semblables à ces compagnons de
Christophe Colomb qui soupiraient après la terre, ou à ces soldats d'Alexandre qui disaient à leur général : « Jusqu'où nous
conduiras-tu ? »

« Il en résulte une singulière ignorance des terres où flotte notre drapeau. Cette ignorance existe même dans la haute classe. La Tunisie est à nos portes ; et cependant, combien de mères tremblent d'y envoyer leurs fils, parce que c'est en Afrique, et que l'Afrique leur paraît au bout du monde ! Je ne parle pas des filles : une mère me demandait si sa fille, mariée, était allée vivre parmi les sauvages !

« Est-il étonnant que l'ignorance des colonies soit plus profonde encore dans les campagnes, dans tous ces coins de France où parvient à peine l'écho des grands événements ? Et, cependant, il faut qu'à notre tour, nous autres coloniaux, nous fassions la conquête des campagnes ; car, je le disais l'année dernière, et je ne me lasserai pas de le répéter, tant que nous n'aurons pas attiré à nous les cultivateurs français, il n'y aura rien de fait. Nos établissements d'outre-mer, comme ceux de l'ancien régime, garderont un caractère provisoire et précaire.

« Eh bien ! messieurs, vous seuls pouvez dissiper cette ignorance, et vos leçons auront un caractère bien plus persuasif quand elles seront appuyées par le témoignage de vos yeux.

« Ce n'est pas tout de *savoir*, il faut encore avoir *la foi*. Ah ! messieurs, croyez-moi, c'est là le plus important. Nous sommes un peuple terriblement sceptique, peut-être parce qu'il a été souvent trompé. Du haut en bas de l'échelle, on se méfie des autres et de soi-même. « Les colonies ? allons donc ! La bonne plaisanterie ! Des terres malsaines, des déserts où l'on ne peut pas vivre ! Des sociétés qui vous prendront pour dupes et qui vous laisseront crever dans un coin ! Et puis, quoi ! est-ce que nous sommes colonisateurs, nous autres ? Nous n'avons pas assez d'enfants. Allons ! il vaut mieux rester chez soi et cultiver son jardin...... » Et ces refrains connus de la presse et du scepticisme, vous les trouvez sur toutes les bouches. Les blasés, les heureux de ce monde souriront dédaigneusement ; les littérateurs écriront : *Port-Tarascon*, ou bien s'efforceront de persuader à leurs lecteurs que le monde finit au parc Monceau ; et, dans le fond des campagnes, le paysan méfiant fermera son escarcelle et continuera d'amasser à l'ombre du clocher natal, pour faire de son fils « un monsieur ».

« Vous, mes amis, le pessimisme littéraire et élégant vous laisse bien indifférents, mais vous irez aux paysans, à tous ces

*saint Thomas* qui ne croient que ce qu'ils touchent, vous direz :
« J'ai vu, ce qui s'appelle vu, un pays qui n'est pas la France,
et où, cependant, on respire l'air de France ; un pays où la terre,
au printemps, se couvre de moissons verdoyantes, où les pam-
pres de la vigne répandent à perte de vue leur gaîté méthodique,
où l'espace ne manque pas, où l'on ne sent pas trop les coudes
du voisin, et où, cependant, retentit déjà la douce langue française ! »

« Vous pouvez dire mieux encore. Permettez-moi d'insister
sur les *qualités démonstratives* de la Tunisie. Je comprends
qu'un Français, transporté brusquement au Dahomey ou au
Congo, soit mal renseigné sur l'avenir du pays ; comme on dit,
il n'y a pas de précédents. Rien n'a été fait. On ne sait pas où
l'on va.

« Mais ici !... Vous, monsieur, qui jugez la Tunisie de loin, les
pieds sur les chenets, vous prétendez que c'est un pays pauvre,
voué par son climat sec à une médiocrité incurable, et, selon
l'expression consacrée, qu'il n'y a rien à faire ? Expliquez-moi
donc ces gigantesques ruines romaines, ces aqueducs encore
debout, ces amphithéâtres qui se dressent dans la solitude, ces
riches mosaïques... apparemment, cela n'est pas venu tout seul.
Il a bien fallu que le sol paye son luxe. Et vous voulez que nous
soyons plus bêtes et plus manchots que les Romains, nos grands'-
pères, qui, au témoignage de Salluste, l'ont trouvé dans le même
état, et qui l'ont laissé couvert de grandes villes ? Notre système
ne tient pas debout. *Le passé nous répond de l'avenir.*

« Soit, dit-on, passe encore pour les grands domaines. Avec
beaucoup d'argent et les bras des indigènes, on peut faire quelque
chose. Mais, des petits cultivateurs, jamais ! Les pluies sont trop
rares, les moissons trop incertaines, etc. » — Vous croyez ? Allez
donc voir travailler les Siciliens, qui viennent ici presque sans
un sou, seulement avec leurs durs bras et beaucoup de bonne
volonté. Allez voir les vignobles qu'ils ont plantés un peu partout ; et demandez-leur s'ils sont malheureux. — Oui, répond-
on, mais ce sont des Siciliens ; ils sont sobres, industrieux,
résistants... — Eh bien ! et nos paysans du Cantal, des Hautes-
Alpes, de l'Ariège, est-ce qu'ils nagent dans l'opulence, ceux-là ?
Est-ce qu'ils ont, comme on dit, un poil dans la main ? Est-ce

qu'ils ont peur de gâter leur teint au soleil?... Laissez donc tous ces sophismes à l'usage des paresseux. Les Italiens descendent des Romains — comme nous ! Ils sont travailleurs et patients — comme nous ! Et s'ils vivent parfois d'un oignon, ils préfèrent, comme nous, le veau à la casserole. S'ils continuent à travailler, ils en auront — et nous aussi. Toute la différence, c'est qu'étant nés en Sicile, ils sont aux portes de la Tunisie. Et puis, il faut bien dire que la vie n'est pas toujours aisée en Sicile. Mais elle ne passe pas non plus pour être très réjouissante dans les Cévennes et dans les Alpes. Quand nos paysans sauront, ils viendront. — C'est à nous de dissiper leur méfiance et de leur communiquer la foi, qui est, vous le savez, contagieuse.

« Mes amis, laissez-moi vous le dire, ce que j'aime en vous, c'est que, de tous les Français instruits, vous êtes certainement les plus affranchis de cette maladie du doute et du pessimisme dont je parlais tout à l'heure. Vous laissez aux autres les jérémiades, les regrets inutiles du passé.

« Vous avez les yeux bien ouverts vers l'avenir. Vous croyez à la grandeur future de la France; de là cette force de dévouement qui rend tout facile.

« L'œuvre à laquelle je vous convie est une des plus hautes et des plus nobles qui puissent tenter un bon citoyen, puisqu'il s'agit, en somme, de la vitalité même de la patrie. Ce n'est pas au hasard que je prononçais tout à l'heure le mot de « croisade coloniale ». A mon avis, l'enthousiasme qui jetait, au moyen âge, les croisés sur les routes d'Orient, n'était pas d'une qualité supérieure à celui qui assure deux continents à l'activité de la France et qui assure ainsi, par l'expansion, la durée et la prospérité de notre race. L'amour de la patrie est une religion aussi; et ceux qui vont semer la bonne parole dans les campagnes, ceux qui réveillent l'engourdissement des âmes pour leur montrer des horizons nouveaux et des civilisations à ressusciter, sont des apôtres à leur manière, d'autant plus méritants qu'ils se contentent, comme vous, d'une récompense bien modeste.

« En portant votre santé, en vous souhaitant un heureux retour, qu'il me soit permis d'adresser un remerciement spécial au chef éminent dont le bon vouloir a rendu cette caravane possible et qui a tenu à la couvrir personnellement de son patronage.

On disait de je ne sais quel grand général que sa présence seule valait une armée. M. Bayet a, lui aussi, une armée derrière lui. C'est celle des instituteurs, qui, dans toute l'étendue du territoire, travaillent à nous faire une France vigoureuse.

« Je bois à sa santé et, dans sa personne, je salue la vaillante armée de l'Enseignement primaire ! »

Une salve d'applaudissements prolongés accueille cette magnifique péroraison et, le silence rétabli, M. Bayet se lève à son tour et répond à M. le Résident général :

### Monsieur le Résident général,

« Cette soirée sera la dernière où nous nous trouverons tous réunis. Je tiens à en profiter pour vous exprimer, au nom de mes collaborateurs, toute notre reconnaissance. Lorsque, il y a quelques semaines, à Paris, vous m'avez fait part de votre intention d'organiser ce voyage d'études, j'ai été frappé du caractère généreux de ce projet, mais je n'en ai pas été surpris. Vous connaissez ceux qui ont mission de donner l'éducation nationale à ses divers degrés, vous savez apprécier leurs efforts. Bien des liens personnels vous rattachent d'ailleurs à l'Université. Vous lui avez fait honneur dès les bancs du lycée et vous me permettrez de rappeler que, dans le parloir de Louis-le-Grand, votre portrait figure parmi les lauréats du prix d'honneur au Concours général. Tout récemment vous avez été heureux qu'un de vos fils se dirigeât vers l'École normale supérieure, où il est maintenant élève. Vous le voyez, mes chers collaborateurs, par le cœur et par l'esprit M. Millet appartient à l'Université.

« Vous avez fait appel cette fois, monsieur le Résident, aux instituteurs de France, et je ne crains pas de dire avec quelque fierté que vous avez eu raison. Ils ont conscience de leurs devoirs envers la France et la République ; quand il s'agit d'une œuvre patriotique, on peut toujours compter sur leur concours. Vous vouliez faire connaître la Tunisie aux Français, leur apprendre quel champ merveilleux elle offre à leur activité ; les instituteurs que vous avez conviés seront fiers d'être vos auxiliaires.

« Ce voyage, vous en avez réglé tous les détails avec la plus ingénieuse sollicitude. Nous sommes convaincus que le Résident général a pour insigne la baguette du magicien et, grâce à vous, sur cette terre arabe, nous nous sommes crus souvent transportés dans quelque conte des *Mille et une Nuits*. Vous avez su mêler le pittoresque à l'utile.

« Nous emporterons de ce pays des visions inoubliables de lumière et de couleur, mais nous en emporterons aussi les renseignements les plus précis. En quelques jours nous aurons connu la Tunisie sous les aspects les plus divers. Au nord, dans la région de Tunis, de Mateur, nous avons vu verdoyer jusqu'à l'horizon, mêlés aux vignobles, les champs de céréales, promesse d'une riche moisson et nous avons pensé que, si ces pays avaient été le grenier de Rome, ils pourraient, grâce à la France, redevenir un des greniers de l'Europe ; au sud, dans le Sahel, autour de Sfax, nous avons vu l'armée des oliviers s'avancer en ordre de bataille, par files régulières, à la conquête des terres encore incultes et pousser déjà son avant-garde jusqu'au delà d'El-Djem. Nous avons compris ce que cette terre féconde renferme de ressources dans son sein. Nous tâcherons de le faire connaître autour de nous, de susciter des volontaires pour la Tunisie. Mais nous ne nous adresserons pas à ceux qui croient que la fortune vient en dormant ou que les alouettes — si nombreuses et si peu sauvages qu'elles soient en Tunisie — tombent toutes rôties du ciel. Il faut à la Tunisie des Français qui aient l'âme énergique et bien trempée, qui sachent engager vaillamment la lutte avec une terre qui, d'ailleurs, ne demande qu'à se laisser vaincre. A ceux-là on peut sans crainte prédire le succès.

« Vous vouliez nous faire visiter la Tunisie agricole, mais vous seriez surpris si, chemin faisant, nous n'avions pas jeté un regard du côté des écoles. Je suis encore tout émerveillé de ce que j'y ai vu et des résultats obtenus par une méthode d'enseignement admirablement appropriée aux besoins des indigènes et qui évite d'en faire des déclassés ou des candidats fonctionnaires. J'ai été vivement ému de rencontrer à El-Djem un instituteur, seul Français avec sa femme au milieu de la population indigène, heureux de son sort, estimé et aimé de tous parce qu'il cherche à se rendre utile à tous. Ailleurs nous avons vu les instituteurs français mêlés dans les mêmes écoles aux instituteurs indigènes, travaillant dans le même esprit, avec le même dévouement et vers le même but, nous les avons vus, sans froisser ni les croyances, ni les traditions, ni les usages des populations, s'efforcer de faire connaître la civilisation française à la fois par ce qu'elle a de plus utile et de plus généreux, par ses avantages matériels et par son action morale. Nous partons pleins d'admiration et de reconnaissance pour l'œuvre poursuivie par M. le Directeur de l'Enseignement public et par ses vaillants collaborateurs. Nous remercions ceux qui sont ici présents, nous adressons un salut fraternel à ceux que nous avons rencontrés sur notre route et aussi à tous ceux qui sont épars sur le sol de la Tunisie. Nous sommes fiers d'avoir pour collègues ces bons serviteurs de la France.

« Ce qui nous a vivement surpris encore, je vous l'avoue, c'est l'ordre, la sécurité, la confiance qui règnent dans ce pays. Cette heureuse situation, la Tunisie la doit à ce régime du protectorat, si intelligent, si souple et si simple à la fois; elle la doit aussi, et pour une large part, à l'esprit libéral avec lequel vous comprenez et vous appliquez ce régime. Sur ce sol, où se mêlent les nationalités et les races, votre administration est soucieuse de garantir les intérêts de tous, de prévenir les conflits, d'assurer ce renom de loyauté bienveillante qui est la meilleure part de notre patrimoine national. Il n'est peut-être pas très correct que nous nous permettions de vous féliciter, mais nos sentiments nous font oublier l'étiquette. Nous vous félicitons, nous vous remercions, monsieur le Résident général, de comprendre si noblement votre tâche, d'agir en bon Français et en bon citoyen.

« Messieurs, je lève mon verre en l'honneur de M. le Résident général, je bois à la prospérité de la Tunisie. »

La parole éloquente et sobre de M. le Directeur de l'Enseignement, empreinte d'un réel accent de conviction, produit sur l'assistance une profonde impression.

Enfin, M. Alexis, directeur d'école dans les Bouches-du-Rhône, porte la parole au nom de ses collègues, et, dans une vibrante et patriotique allocution, soulève des tonnerres d'applaudissements.

Monsieur le Ministre,
Monsieur le Directeur de l'Enseignement,
Monsieur l'Inspecteur d'Académie,

« Les membres de l'Enseignement primaire de France, ici présents, ne sauraient laisser passer l'occasion qui leur est offerte sans vous exprimer leur vive et profonde gratitude au sujet de la merveilleuse organisation de notre caravane et de l'accueil on ne peut plus remarquable que nous avons trouvé partout, depuis que nous avons mis le pied sur le sol de ce prolongement de la France qui se nomme la Tunisie. Nous associons dans un même sentiment de reconnaissance tous ceux de nos collègues tunisiens qui ont contribué à rendre notre séjour dans la Régence aussi agréable qu'instructif.

« Monsieur le Ministre, dans nos diverses et suggestives pérégrinations, il nous a été donné maintes fois de constater, non pas l'existence de tribus sauvages — pour me servir de vos propres expressions —, mais les magnifiques résultats de l'œuvre que vous avez entreprise en Tunisie et au succès de laquelle ne ménagent ni leur temps ni leur peine le sympathique Directeur de l'Enseignement, M. Machuel, et son infatigable et dévoué collaborateur, M. Versini.

« Les réceptions enthousiastes dont nous avons été l'objet dans toutes nos excursions, et particulièrement à Moknine et à Nabeul, nous ont prouvé d'une façon péremptoire que vous avez déjà gagné bien des cœurs à la cause de notre patrie. Ces manifestations de sympathie, nous avons été d'autant plus heureux de les voir se produire qu'elles s'adressaient non pas à nous personnellement, mais à la France, dont le nom seul, prononcé à plus de mille kilomètres de distance de nos foyers, fait battre nos poitrines et que nous avons le devoir, mes chers compatriotes, de faire aimer partout où nous portons nos pas.

« Vous avez été bien inspiré, monsieur le Ministre, lorsque, dans votre profond souci de mener à bien la tâche délicate qui vous a été confiée, vous avez fait appel au concours des instituteurs. Ce n'est jamais en vain que, pour soutenir et défendre les bonnes causes, on s'adresse à l'instituteur français, à l'instituteur de la République !

« Messieurs, je lève mon verre à M. le Résident général, le

14

promoteur de notre caravane, à MM. Machuel et Versini, les
organisateurs de nos excursions, et j'adresse le respectueux
hommage de notre dévouement à l'éminent Directeur de l'Enseignement primaire, M. Bayet, qui a bien voulu se mettre à la tête
du mouvement. Je bois enfin à la prospérité de la Tunisie et au
développement incessant de l'enseignement national, indispensa-
blement lié à l'avenir de la République ! »

Après un échange de toasts intimes, M. le Résident se lève
et exprime le regret de soustraire à un bien légitime repos
MM. les excursionnistes qui doivent recommencer le cours de
leur pérégrination le lendemain à la première heure; il prend
congé de l'assistance après avoir serré avec effusion la main de
ses hôtes, et adresse, avec un adieu cordial, une parole aimable
à chacun. A dix heures et demie la fête est terminée; ce sont
nos adieux à Tunis.

# XI

## Dans la vallée de la Medjerdah et de l'oued Khalled.
## Testour. — Teboursouk. — Dougga.

Nous allons consacrer les deux journées qui nous restent à
parcourir la vallée de la Medjerdah moyenne et de son affluent

LA MEDJERDAH.
(Phot. de M. Reymond.)

l'oued Khalled. Le train du matin nous amène à neuf heures en
gare de Medjez-el-Bab, où nous attendent des voitures arrivées

la veille de Tunis. Nulle part peut-être, et c'est là ce qui fait
l'intérêt de ce voyage, on ne peut mieux se rendre compte de
ce qu'était la Tunisie romaine à l'époque florissante des empereurs africains et de l'état d'abandon où elle est tombée aujour-
d'hui. Sur un développement routier de près de 65 kilomètres
en dehors de la vallée même de la Medjerdah, qui renferme des
terrains d'alluvions d'une extraordinaire fécondité, les hauteurs
qui s'élèvent graduellement de chaque côté du fleuve présentent
un spectacle uniforme de ruine et de désolation; les cultures
sont rares et maigres, étalées par plaques verdoyantes au milieu
de landes désertes, couvertes de brousse, de lentisques, parmi
lesquels volettent des alouettes huppées, des geais bleus, et ce
joli petit oiseau, de la grosseur de notre merle, qu'on appelle le
« chasseur d'Afrique » à cause du bleu éclatant de son plumage.
Loin d'être farouches, ils viennent se percher sur les fils télé-
graphiques et ne se dérangent même pas au bruit de la voiture.

A l'horizon, aucune ferme, pas un village, mais des taches
sombres dissimulées au plus épais de la brousse, qui sont des
gourbis indigènes. Çà et là, au milieu des touffes inextricables
de lentisques, de cactus, de jujubiers, se dressent de rares
oliviers plusieurs fois séculaires, les flancs labourés de meurtris-
sures, les branches pendantes, témoins muets de l'œuvre féconde
qui avait été lentement édifiée par l'étroite et constante collaboration de la nature, des indigènes et de la civilisation romaine.

*Dix heures et demie.* — Nous franchissons la Medjerdah sur
un pont de fer; un troupeau de porcs au poil gris hérissé, à la
hure proéminente, barbote dans les sables de la rivière; un
héron grave et immobile, une patte relevée, guette au passage
une proie lente à venir. La zone désertique cesse tout à coup;
nous voici à nouveau dans les oliviers et parmi les champs de
blé. C'est Testour, l'ancienne « Tuchilla », bâtie sur la rive
droite de la rivière, au centre d'un plateau fertile et bien cul-
tivé. Panorama splendide, avec, dans le fond du tableau, un
rideau de hautes montagnes qui ferme l'horizon. Bien avant
l'entrée du bourg, le khalifa, accompagné d'une nombreuse et
bruyante cavalerie, vient nous apporter ses souhaits de bienvenue; autour de lui tous les notables du pays, la plupart montés
sur de superbes mules, portant plumets avec, autour du poitrail,

un collier de sonnailles dont les tintements répétés nous appor-

A TESTOUR. LA GRAND'RUE.
(Phot. de M. Morel.)

tent l'illusion d'une fête espagnole. Nous ne sommes plus ici en

A TESTOUR. LA DIFFA.
(Phot. de M. Morel.)

Afrique, mais dans les environs de Grenade ou de Séville. Le
khalifa, homme aimable et dont nous sommes les hôtes, donne

le signal du départ; on me confie son fils, un petit garçonnet de sept ans, qui s'installe dans un coin de la voiture affectant le sérieux imperturbable que donnerait l'accoutumance de ces réceptions officielles. Toute cette cavalerie, dans une course désordonnée, remonte vers le village, nous enveloppant d'une garde d'honneur. Aux premières maisons, la foule pressée salue de la main et nous acclame; un groupe de femmes montées sur une terrasse s'agite en poussant des you-you en l'honneur de ces hôtes qu'elles regrettent peut-être de ne voir que de loin. L'instituteur indigène, M. Sellami, qui parle avec la plus grande pureté notre langue, vient nous offrir ses compliments et se mettre à notre disposition pour la visite de la ville. Mais le temps presse et le khalifa nous conduit à sa maison où la diffa, une vraie diffa arabe celle-là, est servie dans le patio parmi les orangers aux parfums enivrants, sous ce beau ciel qui semble encore plus bleu dans ce décor enchanteur. Nous nous mettons à table, pendant que derrière nous le khalifa, M. Sellami et les notables veillent à ce que rien ne vienne troubler cette fête intime et gâter nos impressions. Le ragoût de mouton, le couscous, le méchoui, les boulettes de viande, les grosses olives farcies et poivrées n'ont bientôt plus de secrets pour nous. D'aucuns regrettent la cuisine française, mais n'était l'assaisonnement ultra-pimenté, auquel notre palais n'est pas habitué, je me proclamerais satisfait. Le vin blanc est excellent, et l'eau parfumée à la fleur d'oranger ajoute un cachet d'originalité à ce menu étrange dont l'énumération m'a semblé de nature à agrémenter cette réception si cordiale et si couleur locale.

*Chorba.* Soupe pâtes d'Italie avec jaunes d'œufs et jus de citron.
*Briques.* Pâtés de forme triangulaire, avec viande, œufs et légumes.
*Marka-bel-Kastel.* Ragoût au mouton sec avec des châtaignes.
*Kouskouss* garni d'œufs durs, raisins secs et pois chiches.
*Tajne.* Sésames cuits entre deux feux.
Sauce petits pois et fèves vertes.
Gratiné fromage.
Agneau farci au macaroni (méchoui).
Omelette aux épinards avec hachis d'agneau.
*Kefta.* Boulettes de hachis fortement pimentées.
Salades arabes, avec belles olives vertes, artichauts, limons, carottes, etc.

Ketaïf-Gélatina.
Petits canons à la crème.
Vin blanc et vin rouge de Tunisie.
Eau de citerne à la fleur d'oranger.

Mais déjà, au dehors, les sons bruyants du tambourin, les
miaulements de la flûte bédouine nous rappellent à notre devoir
de visiteurs officiels. Rangés en cercle sur la place publique, les
étendards verts flottants, les habitants notables nous attendent

A TESTOUR. VISITE DE LA MOSQUÉE.
(Phot. de M. Morel.)

pour nous faire escorte à travers la ville. C'est d'abord la Mosquée, où nous grimpons sous un soleil aveuglant, par des ruelles
fortement inclinées et pavées de cailloux raboteux. L'intérieur
du monument ne présente rien de particulier et, comme dans la
plupart des mosquées, les 48 colonnes sont romaines pour la
plupart. Paul Arène l'a dit brutalement : « Les Arabes sont passés
maîtres en l'art d'accommoder les restes ». De la plate-forme
du minaret dont nous faisons l'ascension on jouit d'une très belle
vue sur les campagnes environnantes et sur la vallée de la Medjerdah. C'est du haut de ce belvédère que l'on se rend bien
compte des origines mauresques qui ont présidé à la construction de la ville, rues droites, maisons dont les terrasses sont

couvertes de tuiles imbriquées; jusqu'au minaret lui-même dont
le sommet rappelle les beffrois des clochers flamands édifiés par
les Espagnols dans les Pays-Bas au xvɪᵉ siècle. Mais c'est dans
la visite à l'école de garçons que ces analogies nous frapperont
davantage. Au sortir de la mosquée, nous nous rendons à l'école
au milieu de la population indigène; les autorités locales, les
pères de famille, nombreux et sympathiques, veulent assister à
la visite que nous allons faire dans les classes et se rendre compte

A TESTOUR. LES ÉCOLES.
(Phot. de M. Morel.)

des progrès de leurs enfants. La présence parmi nous de
M. Bayet, directeur de l'Enseignement, de M. Machuel, dont ils
reconnaissent la haute autorité pédagogique et morale, excite
encore leur curiosité et leur empressement à nous faire cortège.

La salle de classe est véritablement bondée : il y a là 108 enfants présents, ce qui indique bien le goût particulier pour l'instruction des habitants de Testour, dont la population ne dépasse
guère 2 000 âmes. Assis à l'étroit et silencieux, ces enfants nous
regardent avec une curiosité sympathique; leur physionomie
éveillée, leur visage coloré avec de grands yeux noirs, leurs traits
réguliers et harmonieux, n'ont rien de l'Arabe ou du Berbère;
ce sont des Européens, et ôtez leur chechia, dépouillez-les de

leur djebbas aux couleurs voyantes pour les remplacer par un béret ou une blouse de lustrine noire, vous aurez devant vous une classe d'écoliers français. Par un atavisme qu'explique leur origine hispano-arabe, tous ou presque tous affectionnent dans leur costume les couleurs criardes; la plupart portent suspendu à l'oreille gauche un volumineux anneau doré et aux chevilles

A TESTOUR, LES ÉCOLES.
(Phot. de l'auteur.)

des anneaux en métal. Nous commençons nos interrogations par la division élémentaire, qui comprend les enfants de six à sept ans, ils font des réponses collectives et d'ensemble. « Je prends la craie blanche », « je vais au tableau noir », « nous croisons les bras », « je sors du banc »; ils prononcent *i* pour *u*, comme nous l'avons constaté ailleurs; *tu ti lèves*, pour : tu te lèves, *un fisil*, pour : *un fusil*, mais, à part cette défectuosité, la

15

prononciation est correcte et franche. Dans la première division un élève récite sans hésitation, et en y mettant le ton, « le Chien et le Loup », fable en prose; un autre désigne successivement chacune des parties du corps humain par son terme scientifique; un autre résout avec la plus grande facilité un problème au tableau. Tout dans cette école dénote le travail, l'ordre, la discipline et l'action vigilante du maître. Avant de quitter la classe, M. Machuel, comme il l'a fait ailleurs, s'enquiert de la façon dont est donné l'enseignement religieux; un des grands élèves est invité à réciter le Coran en présence du cheik Amor Hachiche (un Andalou); tous les deux psalmodient, sur ce ton nasillard et plaintif qui caractérise ce genre d'exercice auquel les parents semblent attacher une importance capitale. Maître et élève donnent ainsi à l'assemblée des pères de famille réunis et aux autorités scolaires un exemple public de cette tolérance en matière religieuse, de ce respect des traditions indigènes cultuelles, recommandées à nos maîtres, qui font la force de notre enseignement, et qui nous ont gagné, depuis la conquête, la confiance et l'affection des Arabes. Nous avons là sous nos yeux la démonstration incontestable que cette œuvre de la pénétration française dans les écoles, telle qu'elle a été préconisée et poursuivie par l'habileté de M. le Directeur de l'Enseignement public en Tunisie, donne de féconds résultats. Grâce précisément à cette largeur de vues, à cette neutralité en matière d'instruction et d'éducation, à ces égards pour les croyances et les coutumes arabes, nous avons pu répandre parmi ces générations nouvelles des idées de progrès, d'émancipation morale et intellectuelle. En évitant de heurter les préjugés de traditions et de races, en répudiant, comme il convient à l'esprit de notre enseignement, toute idée de fanatisme et d'intolérance, nous avons utilement travaillé pour notre pays, et c'est un grand honneur pour nos instituteurs indigènes et continentaux d'avoir appris à leurs élèves à aimer et à estimer la France. Cette légitime satisfaction nous remplit d'orgueil et de joie, et c'est presque les larmes aux yeux que nous quittons l'école, serrant la main de tous ces honnêtes pères de famille qui, dans leur langue que M. Machuel veut bien nous traduire, remercient le gouvernement français pour la politique sage et conciliante qu'il a suivie jusqu'à ce jour, et l'impartialité qu'il apporte

dans le choix de ses éducateurs. On sent que nous laissons là
des amis dont nous avons gagné l'affection et que nous nous
les sommes attachés moralement. Nous nous éloignons de Testour avec peine, et sous la promesse expresse que nous y ferons
encore une halte le lendemain. Nulle part nous n'avions encore
rencontré pareil accueil; nulle part nous n'avions été reçus par

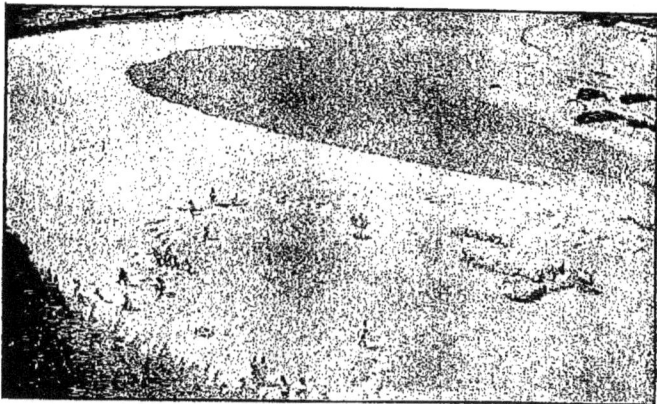

A TESTOUR. LES ENFANTS DE L'ÉCOLE PASSANT A GUÉ LA MEDJERDAH.
(Phot. de M. Morel.)

des démonstrations aussi éclatantes d'amitié touchant à l'enthousiasme.

Les habitants de Testour, comme ceux de Slouguia, sont des
« Andless » réfugiés d'Espagne, à qui les beys donnèrent hospitalité au XVIᵉ siècle. Ce sont des travailleurs de terre et leur
réputation comme jardiniers est universelle en Tunisie. Ils possèdent sur la rive gauche de la Medjerdah de plantureux vergers
d'arbres à fruits, qu'ils arrosent avec l'eau des puits alimentés
par des infiltrations de la rivière. Comme il n'y a pas de pont,
ils traversent la Medjerdah à gué, et ce fut même un original
spectacle que nous donnèrent les écoliers de Testour, barbotant
dans le courant, dans un pêle-mêle de djebbas et de culottes
troussées, luttant de vitesse à qui gagnerait la rive opposée. Par
curiosité je lis sur le cahier d'appel journalier : Marcou, Merki-

chou, Mérichou, Jehm (Jean) Zelbize, Handili, Zafrane, Longo,
Lalongo, Martel, Louiche (Louis), Kechetilou, Tekiou, Dana,
Conti, Cocouro, Taloucha, Sporta, Tounine (Antoine`, autant de
noms indigènes qui ont un parfum andalou ne laissant aucun
doute sur la descendance de ceux. qui les portent.

A TESTOUR, SUR LA PLACE.
(Phot. de l'auteur.)

Nous voici à Aïn-Tounga, près de la maison cantonnière
qu'ombragent de très beaux palmiers ; des vergers d'oliviers, des
champs de blé où chantent des cailles, et çà et là, émergeant
au-dessus de cette végétation luxuriante, des fûts de colonnes à
demi renversés, des blocs amoncelés, des pans de murs éboulés,
des ruines dorées par le soleil couchant, que les injures du temps
nivellent d'année en année. Nous faisons halte pour laisser
souffler les chevaux et parcourir rapidement ces débris épars de
l'antique « Tignica », qui fut à l'époque romaine une ville pros-

père. Les monuments romains ont été saccagés par les Byzantins qui en ont tiré les matériaux de la citadelle, et l'une des pierres porte encore le nom latin de « Tignica ». En outre des restes de la citadelle, on rencontre un arc de triomphe en ruines et les assises d'un temple en lourdes pierres de taille. Ces énormes colonnes, écrit le docteur Carton, les bases, les fragments

AÏN-TOUNGA. HALTE.
(Phot. de l'auteur.)

sculptés qui gisent sur le sol, nous disent assez quelle a dû être sa splendeur.

Sous un ponceau de la route sourd une eau abondante, claire et saine, mais tiède par suite du manque de canalisation. Au-dessus de l'orifice et adossée au pont, une inscription rappelle qu'Aïn-Tounga fut occupé de 1881 à 1882 par le 73ᵉ de ligne qui y avait établi son camp. Assis, au déclin d'une de ces belles journées d'avril, sous l'ombre d'un vieil olivier, près de la source

où viennent s'abreuver les conducteurs de nos voitures, les
Arabes et leurs bourriquots poudreux et altérés, près de la
maison cantonnière au toit rouge qui, seule dans cette solitude,
nous rappelle le pays natal, nous jetons un dernier regard sur les
énormes tours croulantes de la forteresse byzantine, et sur cette
brousse sombre qui escalade les rochers sauvages.

Au sortir d'Aïn-Tounga, le pente est raide, et nous montons
lentement à travers le plateau du Djebel Golea en lacets jusqu'au
col, pour descendre dans la vallée de l'oued Khalled. Ici le décor
change : le fond de la vallée où coule la petite rivière est rempli
de cultures de belle venue ; à droite et à gauche, sur chaque rive,
des bouquets de tamaris, de pins d'Alep, des lentisques énormes
où paissent des troupeaux de vaches et de chèvres noires aux
longs poils soyeux. Nous approchons de Teboursouk, qui se
montre depuis longtemps déjà à mi-flanc de coteau, et recom-
mençons à monter pour arriver jusqu'à la bourgade ; l'air devient
plus vif au fur et à mesure que l'on s'élève ; la brousse recouvre
toujours une bonne partie du sol, mais les champs de céréales
escaladent les hauteurs et les plateaux du Djebel-bou-Dabbous,
et n'étaient les vergers d'oliviers qui s'étendent à nos pieds dans
la plaine, on se croirait transporté en Dauphiné. Nous laissons à
gauche la grande route du Kef et nous montons directement à
Teboursouk, dont on distingue maintenant le minaret et les maisons blanches en terrasse, les écoles et l'Hôtel du contrôle civil,
de construction récente. Voici M. Ballut, l'aimable contrôleur civil,
et le caïd, qui ont bien voulu venir à notre rencontre. A six heures
nous mettons pied à terre pour jouir, aux derniers rayons du
soleil, de l'admirable panorama qui s'étend devant nous. Comme
la plupart des anciennes villes romaines de la Tunisie, Teboursouk (autrefois Thubursicum Bure) s'étage à flanc de coteau,
dominant la plaine couverte de beaux vergers d'oliviers plusieurs
fois séculaires et qui se ressentent de leur longévité.

Derrière, le Djebel Gorrah, haut de près de 1 000 mètres, ferme
l'horizon, et donne au climat de la région une certaine âpreté,
surtout pendant la période hivernale ; la neige fait à Teboursouk
de fréquentes apparitions, et cet hiver, elle est demeurée plus
d'une quinzaine sur les cimes voisines du bourg. A l'est s'étendent à perte de vue de vastes landes envahies par la brousse. La

grande propriété, par suite des confiscations opérées par l'administration beylicale, existe encore dans le caïdat de Teboursouk ; au moment où nous y passons, il est question d'une vente de 10 000 hectares au vicomte de Fouquet, par un Maltais bien connu, « Cassar », qui a monopolisé entre ses mains d'immenses domaines achetés à vil prix et revendus à gros bénéfices. Souhaitons que le marché aboutisse et qu'il y ait là un premier centre

TEBOURSOUK.
(Phot. de M. Morel.)

de colonisation française. Nous profitons de ces dernières heures du soir pour parcourir la bourgade sous la conduite de M. le contrôleur civil, qui est un guide des plus autorisés et qui connaît sur le bout du doigt tout son contrôle. Archéologue, économiste, agriculteur, aucun détail local ne lui est étranger. Nous visitons tout d'abord la source abondante et limpide, qui descend de la montagne et a, de tout temps, fait la richesse du pays. A l'époque romaine, elle coulait dans une vaste conque bien aménagée ; aujourd'hui, grâce aux soins de M. le Contrôleur civil qui n'admet pas de compromission sur la question de l'hygiène publique, le bassin en pierre dans lequel débouche la petite rivière a été séparé en deux par une grille en fer, de façon à préserver une moitié du bassin de toute contamination dangereuse dans un pays où les Arabes, pour la commodité de leurs ablutions, méprisent

les règles les plus élémentaires de la propreté. Réparties aujour-
d'hui dans des rigoles et des canaux, ces eaux permettent aux
indigènes de Teboursouk d'irriguer leurs jardins où s'étale une
luxuriante végétation arborescente, figuiers, amandiers, abricotiers, citronniers, orangers, dont le feuillage repose l'œil et pro-
tège contre les ardeurs du soleil des cultures maraîchères variées.
Nous continuons notre promenade en passant devant les restes
d'une porte romaine encastrée dans les murs de la citadelle
byzantine et nous y relevons de nombreuses inscriptions. Les
rues, raides et étroites, sont assez propres et nettoyées des
immondices que depuis de longues années les indigènes ont
l'habitude de porter hors du pays, et dont les couches super-
posées ont formé une véritable colline de terreau. Au sortir du
bourg, au-dessous de la route qui conduit à Dougga, s'élève un
marabout de modeste apparence, mais dont le saint vénéré, Sidi-
Bogga, jouit d'une grande réputation parmi les indigènes qui ne
jurent que par lui. Les habitants de Teboursouk se rattachent au
rameau berbère ; quelques-uns ont les yeux bleus et les cheveux
blonds comme les Kabyles et les Marocains du Riff. Ce sont des
cultivateurs laborieux et honnêtes, un peu frustes, mais rien
absolument ne justifie la réputation d'insécurité que l'on a faite
parfois à ce pays et à sa population. Comme leurs compatriotes,
ils ont un sentiment très vif de la justice, et s'ils avaient leurs
intérêts lésés, ils sont capables de vendetta ; mais, si le colon qui
les emploie respecte leurs droits et les traite avec équité, il ne
pourra pas trouver de meilleurs auxiliaires pour le défrichement
du sol.

# XII

24 avril.

## A Dougga.

Le lendemain, à sept heures, nous sommes sur la route de
Dougga. Bâtie, comme sa voisine, sur un plateau élevé, Dougga,

DOUGGA. LE MONUMENT BERBÈRE.
(Phot. de l'auteur.)

qui fut autrefois une ville populeuse et riche, a cédé la place à un
misérable village arabe qui ne compte pas 500 habitants. On y

16

arrive par une piste assez raide qui serpente dans un vallon
dénudé en partie, où fument, çà et là, à droite, quelques gourbis
parmi de maigres champs de céréales. Les voitures nous laissent
au pied de la montée, et la caravane continue l'ascension partie
à pied, partie sur des mules et des bourriquots que les gens de
Teboursouk ont amenés à notre intention. Nous atteignons enfin
le sommet du plateau et la pérégrination à travers les ruines
commence par la visite du monument lybico-punique que tous
les archéologues ont décrit. Ce monument qui, d'après M. Saladin,
remonte au ivᵉ ou vᵉ siècle avant J.-C., servait de tombeau à un
souverain berbère, et l'inscription emportée par Thomas Reid en
1832 et déposée depuis au British Museum a donné la clef de
l'alphabet lybico-punique. Au milieu des blocs épars, on peut
voir encore les chapiteaux à côté de gros blocs portant sculpté un
quadrige dont le cheval et le conducteur apparaissent distincte-
ment, et des statues de femmes ailées, dont les formes se dessinent sous la tunique, génies tutélaires impuissants à protéger
contre la cupidité d'un Anglais un monument que les Romains,
les Vandales, les Byzantins et les Arabes avaient, dans un sentiment pieux, préservé de toute injure. A travers les oliviers, nous
remontons vers le village et bientôt se dresse devant nos yeux
remplis d'admiration le « Temple du Capitole », avec ses colonnes
cannelées que dore le soleil du matin, son fronton avec l'aigle
aux ailes éployées, ses admirables chapiteaux de l'ordre corin-
thien le plus pur; dédié à Jupiter, à Junon et à Minerve, ce
temple, comme l'indique l'inscription, fut érigé par les frères
Simplex en l'honneur des empereurs Marc-Aurèle et L. Verus
vers 166 après Jésus-Christ; il occupait le centre de la cité, à
300 mètres environ du théâtre et près des anciennes citernes
voisines de Bab-Erroumia. Il ne se composait que d'une « cella »
rectangulaire, décorée extérieurement de pilastres corinthiens et
précédée d'un portique soutenu par des colonnes du même ordre.
Au fond de la « cella » se dressaient les statues de la triade
capitoline. Depuis quelques années, des travaux importants ont
été exécutés pour dégager les soubassements et les abords du
monument; au mois de décembre 1899, sous la direction d'un
élève de l'école de Rome, des tranchées ont été creusées en avant
du temple, mettant à jour d'énormes dalles de pierre, et une

maison arabe qui gênait les fouilles a été expropriée et démolie.
Un fait que l'on constate avec surprise et regret, c'est que les
colonnes ont les arêtes de leurs cannelures brisées jusqu'à une
hauteur de 2 à 3 mètres au-dessus du sol. M. Carton explique
ces regrettables mutilations par ce fait que le grès dont sont
constituées les colonnes passe chez les indigènes pour écarter
les scorpions. Aussi cette pierre est-elle très recherchée, et on
en exporte au loin les morceaux. Ajoutons que l'état de malpro-

DOUGGA. LE TEMPLE CAPITOLIN.
(Phot. de M. Morel.)

preté que signalait en 1893 le D<sup>r</sup> Carton s'est heureusement
modifié et que les indigènes ont cessé d'y déposer du fumier et
des immondices. En quittant le Capitole pour visiter le temple
de Cœlestis, nous faisons une courte halte à la maison de Salah-
ben-Lacheb, qui est construite sur l'emplacement d'un édifice
romain dont la porte subsiste encore avec une partie de la façade
ornée de pilastres : les dalles de la cour sont celles de l'ancienne
construction, bien qu'en fort mauvais état.

Tout proche nous admirons les ruines du temple de Cœlestis
exhumées ces derniers temps; c'est un fouillis méconnaissable
de colonnes, de chapiteaux, gisant pêle-mêle sur le sol, mais les
inscriptions paraissent gravées d'hier tant les lettres en sont

nettes et régulières. Un peu au-dessus étaient les citernes dont
l'importance et l'étendue dénotent mieux que toutes les hypo-
thèses l'importance de la ville qu'elles alimentaient. Elles constituent trois groupes de constructions spacieuses. Les eaux de
source amenées à Dougga d'Aïn-el-Hammam, distant de 12 kilomètres, par un aqueduc dont le docteur Carton a décrit le tracé
fort ingénieux, étaient captées dans un grand bassin quadrilatère
en blocage d'environ 10 mètres de côté, qui est à peu près détruit
et caché sous une couche de broussailles inextricables. Le grand
aqueduc atteignait en un point de son parcours la hauteur de
1 m. 62; l'épaisseur des murs du « specus » était de 0 m. 70; le
canal aboutissait dans les citernes, et on croit même que l'orifice du dégorgement était pourvu d'un filtre. Comme à El-Djem,
il y avait une distribution d'eau à domicile, et de nombreux tron-
çons de conduites en pierre ou en ciment, des vasques à demi
détruites sont là pour l'attester. Le long d'une piste caillouteuse,
au milieu des oliviers, se dresse une porte triomphale connue
sous le nom de « Bab Erroumia », « la porte de la Chrétienne »;
elle est encore bien conservée et son arc, d'une rare élégance, rappelle les arcs de triomphe romains de l'époque de Titus et de
Vespasien. Au-dessus, en montant vers le sommet de la colline,
s'étale l'hippodrome, recouvert d'asphodèles en fleurs; quelques
couples de perdreaux dérangés dans leurs amours printanières
s'envolent sous nos pieds; nous voici maintenant au temple de
« Saturne », dont les ruines s'étalent au-dessous de nous. Sous le
vocable du dieu de Rome se dissimulait l'ancienne divinité des
Phéniciens, le dieu « Baal », qui, avec Tanit et Echmoun, formait
la triade carthaginoise. Aussi le plan du monument, comme l'ont
démontré MM. Carton et Toutain, est-il absolument différent des
autres édifices religieux qui décoraient l'ancienne Thugga; il
n'était pas divisé en 3 édifices distincts et indépendants, mais il
renfermait trois « cella » qui étaient séparées entre elles par des
murs très épais; celle du centre était plus élevée et plus richement ornementée que les deux autres, mais il paraît certain
qu'une seule divinité y était adorée. Du point où s'élevait le
temple, on domine tout le pays; l'emplacement, dit M. le
Dr Carton, convenait parfaitement à la célébration du culte de la
vieille divinité africaine, et ses massives colonnes, un peu lourdes,

que l'on pouvait apercevoir de toute la vallée, avaient un aspect
majestueux. Érigé en l'honneur de, Septime Sévère, en 195 de
notre ère, par L. Octavius Roscianus, le temple de Saturne occupe
l'emplacement d'un ancien temple de Baal dont M. le D$^r$ Carton
a retrouvé les soubassements avec plus de 200 vases renfermant
les débris d'animaux sacrifiés et 200 stèles ou fragments d'ex-voto
avec inscriptions puniques et berbères, la figuration de la déesse
Tanit et ses emblèmes : croissant, disque, rosace, etc. Cette impor-

DOUGGA. RUINES DU TEMPLE DE CŒLESTIS.
(Phot. de M. Morel.)

tante découverte du D$^r$ Carton démontre bien que, sous la domination romaine, les populations autochtones ne cessaient pas
de rendre un culte à leur divinité suprême Baal Hammon, qui est
d'importation orientale.

Mais parmi ces ruines le monument qui sans contredit nous
paraît le plus digne d'admiration est le théâtre mis à jour et
décrit par le D$^r$ Carton en 1894. Adossé, comme celui d'Orange,
à une colline, mais de proportions moindres, le théâtre de
Dougga se présente dans un état de conservation qu'explique
seul son enfouissement pendant des siècles sous des amas de
décombres; l'écroulement de la partie supérieure a protégé l'intérieur. La « cavea » est intacte; les gradins, au nombre de 25,
s'élèvent sur une hauteur de 10 mètres sans la moindre cassure

et paraissent taillés d'hier. Au-dessus de la « cavea » était un
beau portique aujourd'hui brisé, avec une inscription de 0 m. 33
de hauteur, dont M. Carton a rassemblé les débris épars. On voit
encore la scène ornée de pierres avec des moulures, les deux
rangs de colonnes dont 25 sont debout, le post-scenium, les
vomitoria et les débris de nombreuses statues de grandeur colossale. Entre les extrémités des deux diamètres, la distance est de
75 mètres ; mais telle est l'harmonie dans les proportions que
l'acoustique y est d'une merveilleuse sonorité. Ce monument fut
érigé par un simple particulier, L. Marcus Quadratus, qui voulut
témoigner sa reconnaissance à ses concitoyens pour son éléva-
tion aux fonctions de flamine perpétuel. Le jour de l'inaugura-
tion, il y eut des distributions de vivres, une représentation
théâtrale, des jeux athlétiques et un festin.

   *Dix heures et demie.* — Nous jetons un dernier regard sur ce
qui fut Thugga. Au loin la chaîne dentelée du Zaghouan ; dans le
fond, les montagnes du Kef, de Mactar et de Tebessa forment un
tableau d'une austère grandeur. Nous descendons à marche accé-
lérée vers Teboursouk, la pensée tout entière à cette ville morte
à jamais, à ces édifices somptueux, à ces temples, arcs de
triomphe, colonnades, portiques, théâtres, citernes monumentales dont les vestiges attestent après plus de quinze siècles l'incomparable éclat, et la paix et la prospérité de la vie municipale
dans cette région de l'Afrique romaine. Aucune cité en dehors
des misérables gourbis ne s'élève maintenant sur ces steppes
infécondes, dont les monotones ondulations viennent finir au fond
de la vallée. La vue de ce contraste entre la richesse d'autrefois
et la misère d'aujourd'hui n'impose-t-elle pas à l'esprit avec une
force irrésistible ces deux questions : Pourquoi ce pays, qui était
jadis si riche, est-il devenu si pauvre? Quelles sont donc les
causes de cette antique splendeur? A Dougga et dans la région
de Teboursouk, ce problème se pose plus impérieusement qu'ailleurs, quand on pense que dans le petit bassin de l'oued Khalled,
qui compte à peine 55 000 hectares d'étendue, vivaient à l'aise
six villes, dont trois importantes et à quelques kilomètres les unes
des autres. Les conditions du terroir et de la culture n'ont point
changé, mais la dépopulation progressive des campagnes,
l'abandon du sol par le colon, n'expliquent que trop cette déca-

dence. Aujourd'hui, le nombre des Français à Teboursouk comme
à Testour est insignifiant. Et cependant la terre y est riche; on
peut faire en abondance du blé, des cultures herbacées et de
l'élevage; les montagnes voisines abondent en calamine. C'est
donc tout un pays à reconstituer, et le colon sera largement payé
de ses peines. Le seul inconvénient vient de l'éloignement des
centres populeux et du manque de voies de pénétration. Il est
regrettable que le tracé de la voie ferrée qui doit rattacher le Kef
au réseau actuel passe à 18 kilomètres au sud de l'oued Khalled,
pour suivre une vallée moins peuplée et moins riche.

Aussitôt après déjeuner, nous quittons Teboursouk, où nous
avons reçu de M. le Contrôleur civil un accueil dont nous ne
saurions trop le remercier. A quatre heures, halte à Testour, où
nous attendent l'instituteur Sellami et les notables; à eux se sont
joints des colons français de la vallée de la Medjerdah et le garde
champêtre. Malgré le peu de temps dont dispose la caravane, il
nous faut aller rendre visite à la zaouïa de Naceur-el-Garouachi,
coquet monument au dôme recouvert de tuiles vertes et qui
date du commencement du XVIIIe siècle; la cour entourée d'une
double rangée d'arcades est ombragée par des orangers en pleine
floraison et dont les exquises senteurs embaument l'air. La salle
principale est richement décorée de superbes faïences; la coupole du dôme est à l'intérieur rehaussée de dentelles en plâtre
ajouré d'un dessin du plus bel effet. Au moment où nous y pénétrons, des enfants et des adultes, une planchette devant eux,
récitent le Coran à voix haute, et tous ensemble, avec ce balancement rythmé d'en avant en arrière, et ces oscillations cadencées
de la tête et du tronc que nous avons remarquées dans toutes les
écoles coraniques. Outre les 20 élèves de l'école des garçons qui
se rendent à la « zaouïa » pour apprendre le Coran, il y a, attachés à l'établissement, des « tolbas » ou étudiants qui habitent
dans l'édifice même; chacun loge dans une petite chambre de la
cour intérieure; ils sont entretenus par la charité publique avec
les revenus des propriétés habbous. Comme la veille, beaucoup
de pères de famille et de notables sont là debout sous les arcades,
venus pour nous saluer une dernière fois. Nous causons familièrement avec les colons en leur souhaitant une abondante récolte,
et dégustons à la ronde une tasse d'exquis café maure, pendant

que les rayons du soleil à son déclin dorent la coupole du minaret et que deux hirondelles perchées à la pointe des orangers semblent, par leurs gazouillements, s'associer à cette scène d'émotions délicieuses qui va marquer notre retour définitif à Tunis.

Nous descendons au galop les rues du village au milieu des saluts et des bénédictions de tous, le cœur ému par ces manifestations spontanées d'amitié, et avec la conviction que notre visite, quoique courte, n'aura pas été inutile pour le bien de la France. Après une longue course à travers cette plantureuse plaine où la Medjerdah promène ses eaux glauques en de capricieux méandres, parmi les îlots de sable et les tamaris, nous arrivons à la nuit close à Medjez-el-Bab. M. le Contrôleur civil nous vient au devant pour nous conduire à l'auberge où, tout en soupant, nous devons attendre le train.

J'avais été frappé de ce fait qu'au centre même de cette région, qui fut une des plus prospères à l'époque romaine, il n'y a aujourd'hui que 4 colons français. L'un d'eux, originaire du Lot-et-Garonne, a été établi à Testour par les soins de la direction de l'agriculture. Il possède un domaine de 20 hectares environ où il récolte du blé et de l'orge, et un jardin près de la Medjerdah dans lequel il fait des essais de culture de primeurs. Mais, pendant le souper, j'ai appris que depuis une huitaine d'années, dans la région de Teboursouk, les terres appartenant au domaine ont été alloties et acquises par des colons dont le nombre va progressant. Quant à la grande colonisation, elle est représentée par l'important et beau domaine de Ksar-Tyr à M. Pilter, de Chassart-Tef à M. Dumont. Enfin, à Bou-Arada, le fils de l'illustre historien Taine cultive une importante exploitation. C'est une région d'avenir.

A dix heures, nous descendions en gare de Tunis pour préparer nos valises. Demain, départ pour Bizerte à six heures du matin. C'est notre dernière étape.

# XIII

23-24 avril.

## La question agricole et la colonisation. M. Saurin.
## Saint-Cyprien. — Crétéville. — Bordj-el-Amri.

Pendant qu'une partie de la caravane parcourait la vallée de la Medjerdah et de l'oued Khalled, MM. les Instituteurs allaient visiter quelques-unes des grandes exploitations agricoles et des importants domaines ruraux des environs de Tunis. La conférence qui leur a été faite à l'Hôtel des Sociétés sur le peuplement de la Tunisie, par M. Saurin, les a surtout vivement intéressés et les considérations d'ordre spécial qu'il a développées devant eux leur ont appris beaucoup de choses utiles pour l'avenir de la colonie. Comme M. le Résident général, M. Saurin est un apôtre agissant de la colonisation. Il s'indigne avec raison que la France, après avoir placé sous sa domination un pays d'autant de ressources, ne fasse rien pour en assurer le peuplement, en laissant se développer à son détriment l'immigration étrangère. Sur son vaste domaine de Saint-Cyprien, formant un total de 2 000 hectares, M. Saurin a fondé 19 métairies de 40 à 50 hectares chacune; il en a confié l'exploitation à des colons français, et il partage avec eux les produits et les bénéfices du travail. Ces métayers sont pour la plupart des cultivateurs de profession, ayant des avances nécessaires pour vivre, eux et leurs familles, pendant un an. (Une somme de 1 500 francs paraît suffisante pour se tirer d'affaire.) Ils doivent acheter à leur compte le matériel agricole, mais ils ont droit à la totalité des petits produits nécessaires à l'alimentation de leurs familles (potager,

17

basse-cour, pommes de terre, etc.). L'essentiel est de choisir de bons métayers. M. Saurin est venu lui-même en recruter plusieurs en France, et il compte que les nouveaux venus en amèneront d'autres. Une ferme exploitée par des métayers avec des baux de six à neuf ans, peut donner 4 000 francs de rendement sans vignobles, et 10 000 francs avec vignobles, à partager, soit 2 000 francs dans un cas et 5 000 francs dans l'autre. Sur ce rendement le métayer, au bout de trois ans, peut économiser de 1 800 à 3 000 francs et, à l'expiration de son bail, s'il a su mener à bien son affaire, il aura la somme nécessaire pour acheter une certaine quantité de terre et devenir propriétaire à son tour. Tout cela, il peut le réaliser avec une avance de 3 000 francs, dont 1 000 francs pour l'achat de l'outillage, 1 000 francs pour la nourriture et 1 000 francs de dépenses diverses et imprévues. Que cette situation soit connue, dit avec raison M. Saurin, et la Régence recevra bientôt de 300 à 400 familles par an, chiffre moyen pour assurer le peuplement de la colonie. Dans un pays où le sol vaut de 150 à 200 francs l'hectare, la propriété est accessible à tous les paysans économes et le métayage est pour ainsi dire une pépinière de propriétaires français. M. Saurin prend des exemples dans sa propriété : il nous cite celui d'un paysan de Loir-et-Cher qui, avec un jeune orphelin, cultive 70 hectares avec une charrue Brabant, 3 chevaux et 6 bœufs qu'il se propose de remplacer par des mulets plus robustes et plus endurants ; un autre, aidé de son fils, exploite 150 hectares. Et ces gens-là sont satisfaits de leur situation et regrettent de ne pas être venus plus tôt. Mais il faut des cultivateurs laborieux, disposés à peiner et dont les enfants digèrent « la viande de porc ». Que ceux qui ne comptent pas travailler en Tunisie, autant et même plus qu'en France, restent chez eux. Lorsque Jules Ferry déclarait, à la tribune de la Chambre, le 1er avril 1884, qu'il ne serait fait en Tunisie aucune concession gratuite de terres, aucune dotation, il voulait, en évitant les mécomptes qui se sont produits en Algérie, faire pour la nouvelle colonie une sélection de colons. C'est de cette idée pratique que s'inspire M. Saurin. Enfin M. Saurin fait également appel aux jeunes gens qui veulent échapper au fonctionnarisme, et se créer une existence large et indépendante. Pour ceux-là aussi il y a de l'avenir, mais il faut au préalable qu'ils fassent un stage de trois ans pour bien connaître la terre et la culture, et, quand ils auront acquis une propriété, ils devront s'entourer de bons paysans français en qualité de métayers. Il faut qu'ils disposent d'un capital d'au moins 40 000 francs. A tous ceux qui l'ont entendu, les explications de M. Saurin ont paru pratiques et donnant une idée très exacte de la situation. Amener en Tunisie des colons sérieux qui se lieront par un

UNE CONFÉRENCE DE M. JULES SAURIN.
(Phot. de M. Versini.)

contrat comme métayers et deviendront plus tard colons pour leur compte, favoriser le morcellement de la propriété, monopoliser autant que possible entre les mains du Gouvernement l'achat des terrains cultivables en dotant de capitaux importants la caisse de colonisation, multiplier les groupements d'habitations dans les centres d'exploitation, voilà les moyens de faire de la Tunisie une terre française entre les mains de Français.

Dans leur passage à Crétéville, MM. les Instituteurs ont vu ce que peut l'activité d'un homme à l'intelligence ouverte, au carac-

tère entreprenant et audacieux. Le domaine acquis par M. Crété
en 1885 contient 275 hectares de vignobles en plein rapport et 200 qui vont l'être bientôt. Le prix d'achat a été de
465 000 francs et il vaut aujourd'hui environ 1 400 000 francs.
On a pu distribuer aux actionnaires 380 000 francs de dividende
et, en 1899, le rendement du vin a atteint 150 000 francs à raison
de 85 à 90 francs la barrique bordelaise. A l'exploitation est
annexée une école pratique de 28 colons stagiaires appartenant
à des familles françaises qui, sous la direction de M. Crété, suivent de très près les travaux de culture, les occupations domestiques de la ferme et rédigent un rapport journalier sur ce qu'ils
ont vu et observé. Ce rapport est l'objet des critiques de
M. Crété ou de son représentant. On leur fait en outre un cours
pratique de comptabilité agricole et de langue arabe, et leur
séjour à la ferme dure six mois à un an sans aucun engagement.
C'est cette catégorie de futurs colons que vise M. Saurin. Une
fois acclimatés et rompus au travail, ayant acquis l'expérience
nécessaire pour la culture des céréales, des vignobles et pour
faire de l'élevage, ils peuvent former une classe de colons d'élite
qui, tout en vivant d'une vie large et indépendante, rendront de
précieux services à leur pays d'origine et propageront sur cette
terre d'Afrique ces traditions de travail, d'épargne et d'honneur
qui sont la force de notre race.

Après le déjeuner, arrosé d'un excellent muscat offert par
M. Crété, la caravane se divise en deux groupes, dont l'un rentre
directement à Tunis et l'autre va rejoindre la gare de Khangat, à
12 kilomètres, en traversant le défilé de la « Hache » ou de la
« Scie », qu'a rendu célèbre le massacre des 40 000 mercenaires,
par les soldats d'Amilcar, et dont l'auteur de *Salammbô* a tiré un
des plus émouvants épisodes de son livre. Au point culminant du
défilé se trouve une fort belle exploitation fondée par un ancien
notaire de Rouen, M. Guesnon. On y cultive surtout la vigne
et l'année dernière il a vendu pour 190 000 francs de vin. Au
moment du passage de la caravane, on prépare la terre pour
la plantation des cépages, au moyen de défonceuses mues par
deux machines à vapeur. Le défoncement de l'hectare revient
à 460 francs, mais la dépense serait double s'il fallait faire
ce travail à la main. L'attention des visiteurs a été attirée par les

remarquables résultats obtenus par M. Guesnon en arboricul-
ture ; c'est ainsi qu'il a arraché du sol défriché des caroubiers
d'une certaine grosseur, en leur donnant en guise de tuteur un
tuyau en coutchouc-qui, partant de l'extrémité inférieure, s'élève à
1 m. 50 au-dessus du sol, et qui est constamment rempli d'eau.
Grâce à ce procédé, le caroubier a pu se développer vigoureuse-
ment, et M. Guesnon aura autour de sa demeure un bosquet dont

BORDJ-EL-AMRI. GROUPE DE SICILIENS.
(Phot. de M. Versini.)

l'ombrage sera fort apprécié. M. Guesnon emploie indifféremment
des manœuvres italiens, arabes, français, et, dans ce lieu jadis
redouté des indigènes, il a su aménager un domaine dans des
conditions qui font le plus grand honneur à son activité et à sa
persévérance. Au centre de cette région se trouvent de nombreuses et importantes exploitations, entre autres celle de M. Gibet,
propriétaire des célèbres tanneries du Rhône, et celle du général
Leclerc qui, après avoir commandé la division d'occupation, a
tenu à rester en Tunisie.

Dans leur déplacement du lundi 23 avril, à Bordj-el-Amri et

à Mornaglia, MM. les excursionnistes ont pu se rendre compte
d'autre part des progrès de la colonisation italienne pendant
ces dernières années. Le domaine, situé à 20 kilomètres de Tunis,
sur la route de Teboursouk, compte environ 3 700 hectares,
et n'a été acquis que depuis six mois pour 250 000 francs.
Une colonie de Siciliens, avec femmes et enfants, y a été établie
dans un but incontestable de sédentarisation; le prix de la
journée de travail est de 1 fr. 50 à 2 fr.; quatre-vingt-cinq Italiens qui travaillent à la ferme n'ont pas encore fait choix de
leur résidence. Le bordj comprend un logement, des hangars,
des écuries, fort peu confortables du reste; quant à la masse des
travailleurs, elle est campée dans de mauvaises cahutes en planches, réunies par des débris de caisses à pétrole ou de conserves,
et couche sur la terre battue. Évidemment aucun cultivateur
français ne voudrait se contenter d'une installation aussi rudimentaire. Le sol est loué 50 francs par an les 3 hectares 33 cen-
tiares pour vingt ans. Il faut défricher, mais le fermage n'est
exigible qu'au bout de la cinquième année. En ce moment il y a
environ 250 000 pieds de vignes, soit près de 500 hectares cul-
tivés. On estime que la compagnie propriétaire a dépensé près
de 3 millions pour la mise en valeur des terrains. A l'expiration
du bail, c'est-à-dire après vingt ans de séjour sur le domaine, le
métayer a droit à une étendue de terrain à prendre dans un
autre domaine, égale à un tiers de la superficie de sa ferme, moyennant une rente perpétuelle ou « enzell » équivalant à l'intérêt du
capital que représente le terrain. Il peut faire tout de suite son
choix, et bâtir sa maison au cours du bail de son métayage. C'est
là un procédé particulier pour encourager le colon et l'attacher
au sol.

Cette prédominance de l'élément italien n'a pas été sans
frapper l'attention de nos maîtres et la nôtre; elle s'explique par
la proximité de la Sicile, par la pauvreté des classes inférieures,
dans un pays où fleurit encore le régime féodal des anciennes
baronies et des fiefs normands; elle s'explique par la tradition
historique, les Siciliens étant les plus proches voisins de la
Tunisie, et par la similitude des cultures, le sol de l'ancienne
Trinacrie différant peu quant aux produits de celui du nord de
l'Afrique; elle s'explique enfin par l'appel des Italiens établis

depuis longtemps dans la Régence à leurs compatriotes en quête d'établissement. Puisque la situation où nous sommes en pays de Protectorat ne permet pas d'enrayer ce courant d'émigration, sous peine de provoquer des complications au dehors et des difficultés d'ordre politique, le mieux est, comme dit M. Saurin, de le contre-balancer en créant vers la Tunisie un mouvement similaire d'immigrants français et de colons métropolitains. Pour cela, il ne faut pas compter uniquement, comme on l'a fait chez nous jusqu'à ce jour, sur l'initiative privée. M. le Résident général, dans la très remarquable conférence qu'il a faite à Châlons-sur-Marne et à Reims les 21 et 22 octobre 1899, n'a pas manqué de faire ressortir cette infériorité dans nos procédés de colonisation. Notre système de peuplement au dehors par l'individualisme est condamné, et il est temps de faire appel à l'esprit d'association qui a fait la prospérité des deux Amériques; pour cela il faut qu'en France, comme en Sicile, se constituent des syndicats de capitalistes en vue d'opérer en grand des achats de terrains sur lesquels on construira des installations pour les futurs colons, où viendront se grouper les gens de métier, forgerons, mécaniciens, boulangers, charrons, etc., dont le concours est indispensable au succès de la colonisation. Enfin, pourquoi des villages de nos régions agricoles, de la Savoie, du Dauphiné, du Plateau Central, des Pyrénées, n'enverraient-ils pas des cultivateurs chargés de reconnaître les terrains à exploiter, d'y tenter les premiers essais, et d'appeler ensuite les habitants de leur village natal? Il ne faut pas que la spéculation métropolitaine se porte seulement, comme elle l'a fait jusqu'ici, sur les terrains des grandes villes et sur les constructions immobilières. Il faut qu'elle réserve une partie de ses placements pour encourager et faciliter, par un concours collectif, la petite colonisation. En agissant ainsi, les hommes qui se placeront à la tête de ces syndicats feront acte de bons citoyens.

# XIV

## A Bizerte. — Les pêcheries. — Le départ.

*Bizerte, neuf heures et demie du matin, en gare.* — Nous tou-
chons au terme de notre voyage, et toute la caravane doit s'em-
barquer ce soir à dix heures sur la *Ville de Tunis*, pour rentrer
à Marseille vendredi au matin. Une grande barque qui porte le
nom bien local d' « Annibal » vient nous prendre à quai pour
nous conduire aux filets, où va s'opérer sous nos yeux la « pêche
miraculeuse ». Le lac de Bizerte, qui communique directement
avec la mer par une passe large et profonde, accessible aux
cuirassés d'escadre, a environ 15 000 hectares carrés de superficie; l'eau, sans cesse renouvelée par le flux et le reflux de la
Méditerranée, est d'une agréable limpidité, et très riche en
algues, en coquillages les plus rares, ce qui explique le pullule-
ment des poissons qui trouvent dans les eaux profondes un
refuge à l'abri des vents et une abondante nourriture. On y
pêche le marbré, le mulet, le loup, le sard, la dorade et un
poisson vulgairement dénommé « pataquet », de chair médiocre.
Un système de barrage, avec des poches où le poisson une fois
entré ne trouve plus d'issue, permet d'en prendre d'un seul coup
de filet des quantités énormes. Certains jours les pêcheries sont
si fructueuses qu'elles dépassent 3 000 kilogrammes. Le lac a été
amodié pour neuf ans à partir de 1896. Au cours de 1897, on a
pris dans le lac 528 000 kilogrammes de poissons, dont les quatre
cinquièmes environ se consomment en Tunisie; le reste, transporté
dans des tonnes remplies de glace, se vend sur le marché de
Marseille. Il est regrettable qu'un droit de douane de 20 francs

18

par 100 kilogrammes grève à l'entrée en France le poisson frais importé de Tunisie. Toutefois le poisson pris par des bateaux français immatriculés à un port d'attache et accompagné d'un certificat d'origine est exempt de tout droit.

Bizerte est une ville qui se transforme et dont l'avenir est des plus brillants; à cheval entre la mer et le lac, elle est appelée à jouer un rôle de premier ordre dans la défense des côtes de

BIZERTE. LES PÊCHERIES.
(Phot. de M. Versini.)

Tunisie, si jamais notre colonie était menacée; le canal actuel, qui a 100 mètres environ de large avec une profondeur de 8 m. 50, est devenu insuffisant pour le service de l'arsenal maritime en construction à Sidi-Abdallah; on doit prochainement commencer les travaux qui porteront sa largeur à 135 mètres environ et feront disparaître le curieux transbordeur qui rejoint actuellement les deux rives. Autour de la ville, une ceinture de forts avec tout l'armement moderne. Partout sur la plage des maisons particulières, des hôtels, des monuments publics ou autres en construction; partout des échafaudages, des entassements de moellons, de briques, de poutrelles en fer, des pyramides de sacs de chaux et de ciment. Toute une ville s'étagera bientôt dans le quartier européen où l'on remarque déjà un superbe groupe scolaire et un luxueux hôtel des Postes et Télégraphes. La ville arabe, resserrée de plus en plus entre la ville moderne et les hauteurs qui la dominent à l'ouest, n'a ni couleur locale ni relief; la plupart de ses boutiques, buvettes, bars, sont tenus par des Maltais, Italiens et Siciliens, dont le nombre se grossit encore au moment de la pêche aux anchois que leurs compatriotes viennent faire sur la côte et dont ils envoient dans leur pays les produits saumurés.

A midi avait lieu, dans la salle du groupe scolaire, le déjeuner d'adieu auquel prenaient part tous les membres de la caravane, sous la présidence de M. Bayet et de M. Machuel. Au dessert, M. Machuel se lève et, s'adressant avec une vive émotion à tous les instituteurs qui l'écoutent dans un respectueux silence, il dit : « Voici le moment de la séparation ; depuis quinze jours que mes collaborateurs et moi accompagnons la caravane, nous avons fait tous nos efforts pour vous rendre la Tunisie agréable et vous la montrer sous son vrai jour, mais il ne nous a pas été possible de vous épargner le surmenage. J'ai passé ces quinze jours dans un contentement sans nuage, car j'ai le bonheur aujourd'hui de vous ramener tous sains et saufs sans le plus léger contretemps au port de départ. Il m'a été donné, au cours de ces longues pérégrinations où nous vivions côte à côte, d'apprécier votre curiosité d'esprit, votre désir de voir et de connaître ; j'ai pu constater que vos carnets étaient noirs de notes, et que vous avez amassé en cours de route des éléments de propagande qui auront certainement pour la Tunisie de féconds résultats. Vous reviendrez en Tunisie, mes amis, mais vous y reviendrez avec des colons sérieux qui travailleront à la prospérité et à la richesse du pays. Je bois aux Instituteurs de France ! » Une longue ovation accueille ces paroles et, à son tour, M. Bayet répond : « Mes amis, dit-il, car il n'y a ici que des amis et, parmi tant de résultats heureux de ce voyage, j'ai le bonheur d'en compter un de plus, c'est M. Machuel (bravos répétés). M. Machuel est un bon Français et son œuvre en Tunisie a contribué puissamment à faciliter la tâche de l'administration dans la pénétration des Indigènes.

Il n'y avait que peu d'écoles avant lui; c'est lui qui les a multi-
pliées et qui a donné à l'enseignement une organisation intelligente et féconde. Nous avons rapporté de nos visites à travers
les écoles une impression des plus flatteuses pour ceux qui les
dirigent, et nous avons pu constater que la collaboration commune des instituteurs de la Métropole et des indigènes a eu les
plus heureuses conséquences. Ce qui distingue surtout l'œuvre de

BIZERTE. LE PORT.
(Phot. de M. Versini.)

M. Machuel, c'est un esprit de tolérance pour les croyances, les
coutumes, les traditions des indigènes, pour des idées et des sentiments qui ne dépendent que du cœur et qui sont inaccessibles
à la force et aux lois. Nous en sommes d'autant plus fiers qu'il y
a là une œuvre de solidarité morale, de bienveillance et de loyauté.
N'avons-nous pas vu, à Testour, les notables, les parents nous
accompagner à l'école, épier avec sollicitude si nous étions con-
tents des réponses de leurs enfants et remercier publiquement
M. Machuel du soin qu'il apportait à ce que l'instruction et l'édu-

cation fussent libéralement données à leurs enfants. Je bois, dit
M. Bayet, à M. Machuel et à ses collaborateurs et aux instituteurs
tunisiens. » A ce moment, M. Machuel, au nom du Résident
général et de S. A. le Bey, qui ont voulu reconnaître par une
distinction officielle l'intérêt porté par la mission à l'avenir de
la Tunisie, remet à M. Bayet la plaque de grand-officier du
Nicham, à M. Rey, inspecteur à Grenoble, et à M. Causeret, de
Marseille, la cravate de commandeur; enfin la croix d'officier à
MM. Jeanperrin et Lefebvre, inspecteurs d'Académie, à M. Amiot,
inspecteur primaire à Aix, et à M. Alexis, instituteur des Bouches-
du-Rhône. L'annonce de ces décorations provoque de véritables
manifestations enthousiastes, et des bans nourris et prolongés
montrent que MM. les Instituteurs s'associent sans réserve aux
témoignages de distinction accordés à leurs chefs.

A trois heures, M. Machuel regagne Tunis, accompagné à son
wagon par tous les excursionnistes, qui viennent lui serrer affectueusement la main. Nous dînons à bord, et prenons congé de
notre excellent collègue M. Versini, de son collaborateur
M. Baille, inspecteur primaire, dont le dévouement et l'affabilité
ont conquis toutes les sympathies. A dix heures, la *Ville de Tunis*
file à toute vapeur sur une mer sans vagues, et par un beau ciel
étoilé. Bientôt les feux des phares s'effacent, le vent fraîchit, et
doucement bercé par les chœurs que chantent les Ariégeois et
les autres Méridionaux de la caravane, je descends dans ma
cabine où une nuit d'un sommeil réparateur va me remettre des
émotions de cette dernière et inoubliable journée. Après une traversée par un temps superbe, la *Ville de Tunis* nous déposait
vendredi à six heures au quai de la Joliette, point de dislocation
de la caravane. A la descente du bateau, toutes les mains se sont
respectueusement tendues vers M. le Directeur général, très
ému et heureux de saluer ses compagnons de route, qui, dis-
persés bientôt à travers la France, emporteront de ces quinze
jours de voyage, avec de merveilleux souvenirs, la pensée d'une
dette sacrée à payer, en faisant connaître ce beau pays à ceux
qui, moins favorisés, n'ont pu nous accompagner.

# CONCLUSION

Nous n'avons pas la prétention d'avoir découvert la Tunisie. Bien d'autres et de plus compétents l'ont décrite avant nous, mais ce sont les observations et les impressions recueillies en cours de route que nous voulons résumer ici pour en faire profiter ceux qu'intéresse le grand problème colonial. Les Romains, nous l'avons démontré, n'ont point fait de la Tunisie une colonie d'immigration; ils n'ont envoyé dans l'Afrique du Nord que des administrateurs, des fonctionnaires d'élite, il est vrai, mais fort peu de colons. Sous leur domination, la Tunisie resta berbère, et par les mœurs, et par la langue, et par la religion. Ce n'était qu'une assimilation factice, une imitation du vainqueur par le vaincu mais, sous la toge romaine, les descendants des Liby-Phéniciens et des Berbères restèrent des Africains. L'œuvre accomplie par Rome fut donc surtout une œuvre économique, administrative et politique : ce ne fut point, au vrai sens du mot, une œuvre coloniale. Les grands capitalistes, les manieurs d'argent romains qui contribuèrent au développement des richesses culturales de la Byzacène, de la vallée du Bagradas et des autres parties de la Tunisie, ne quittèrent pas l'Italie, et le colon romain, le colon avec sa famille, fit défaut. L'impulsion maîtresse donnée aux grandes entreprises, aux travaux d'hydraulique, à l'érection des monuments publics, des temples, des amphithéâtres vint de Rome; ce fut Rome qui envoya ses ingénieurs, ses architectes, qui prit la direction effective de toutes ces constructions colossales, dont les vestiges couvrent encore le sol tunisien, mais l'ouvrier, l'agriculteur, le tâcheron, qui coopérèrent à cette poussée de civilisation, à cette expansion de toutes les forces vives du pays, étaient des Berbères, des autochtones, en un mot, et quand le concours de la ville maîtresse leur manqua quelques siècles plus tard, l'œuvre fut promptement compromise et anéantie.

Ces champs immenses, ces forêts d'oliviers qui alimentaient Rome, transformés en jachère, ne servirent plus qu'à la pâture des troupeaux. Ce qui explique la fragilité et le peu de durée de l'œuvre du gouvernement impérial, c'est que l'élément romain ne fut ni assez en force, ni assez en nombre pour faire souche, pour prendre racine dans le pays, s'y maintenir contre les envahisseurs de toutes races, et pour assurer la continuité de l'œuvre entreprise. Le danger dans lequel sombra, dans le nord de l'Afrique, la civilisation romaine, est pour notre politique coloniale un avertissement qu'il ne faut pas perdre de vue. Pour cela, il est nécessaire que la Métropole forme des agriculteurs et que ces agriculteurs viennent en Tunisie se rendre compte par eux-mêmes des résultats obtenus. Ils reconnaîtront les conditions particulièrement avantageuses que présente la colonisation agricole dans la Régence : bon marché des terrains, abondance et modicité de la main-d'œuvre, la variété des cultures et l'assurance de trouver pour ses produits des débouchés, soit en France, soit dans les pays étrangers, sans avoir à redouter un excès de production qui avilit les prix. Ils y apprendront que ces bons terrains de la Tunisie n° 1 et n° 2, comme les désigne M. Saurin, vendus de 150 à 200 francs l'hectare, sont également propices à la vigne et aux céréales; que ni cette vigne ni cette terre ne paieront d'impôt foncier; qu'ils pourront fabriquer chez eux tout l'alcool qu'ils voudront, sans crainte d'avoir la visite d'un agent de la régie, et qu'ils pourront vivre sur ce sol plus économiquement qu'en France et avec leurs enfants qui n'auront qu'un an de service militaire à faire en prenant l'engagement de s'y fixer. Le gouvernement du Protectorat a préparé les cadres de notre domaine colonial; c'est à nous de les remplir, en amenant dans ces terres immenses, dont le morcellement s'opère de jour en jour, des colons éprouvés, ayant des aptitudes bien marquées et l'expérience de la terre, soit comme valets de ferme, soit comme métayers, soit comme stagiaires colons. Mais il ne faut pas que ce soient là des pérégrins, des hôtes de passage;

il faut qu'ils se fixent dans le pays, qu'ils y fassent souche, qu'ils fondent des agglomérations rurales, comme dit M. Saurin, où l'on voie de loin le clocher de l'église et la poste-école, des centres, en un mot, analogues à nos « cités ouvrières » installées près des grandes usines, où le colon trouvera à s'approvisionner des denrées alimentaires les plus indispensables, où il pourra faire réparer son outillage d'exploitation, où il pourra vivre de la vie sociable et avoir des compagnons de labeur qu'il entretiendra de ses récoltes et de la patrie lointaine. Sans doute il y a dans le mouvement de colonisation un progrès incontestable quand on constate que, de 708 Français, qui habitaient la Tunisie en 1880, il y en avait 10 030 en 1891, 16 532 en 1896 et actuellement 21 000 environ. Mais, malgré une augmentation annuelle que je ne méconnais point, devons-nous nous tenir pour satisfaits de ce chiffre quand, d'autre part, la colonie d'immigrants étrangers en Tunisie compte près de 90 000 sujets, dont 65 à 70 000 Italiens, et que chaque bateau apporte de nouveaux renforts? Pour contre-balancer l'influence du dehors qui s'exerce à notre détriment, il faut par tous les moyens faciliter la pénétration française. Il faut ne pas hésiter à faire appel aux capitaux français pour les grands travaux d'utilité publique qui doivent parachever l'œuvre commencée; il faut construire des voies de pénétration, comme celles qu'exploite actuellement le « Bône-Guelma », de manière à faciliter l'installation de nos compatriotes dans les régions encore peu ouvertes, de communications difficiles, et donner un débouché aux produits de la culture indigène. En outre, il y a là un excellent moyen d'appuyer la colonisation, car la plupart des employés et des agents de la Compagnie viendront en Tunisie avec leurs familles, prendront goût au pays où ils se fixeront et contribueront à propager l'influence française.

La France a encore un autre devoir à remplir vis-à-vis de la Régence : c'est d'accorder à la plupart de ses produits la plus large franchise douanière que la loi de 1890 n'a déterminée que d'une façon incomplète. Comme l'a démontré excellemment M. Fallot, il faut que la Métropole établisse en faveur des produits tunisiens un tarif minimum spécial, car le tarif minimum actuel est trop élevé; il en résulte que la plupart des produits

19

qui pourraient trouver en France un placement avantageux ne
dépassent pas 22 p. 100, alors que les denrées qui bénéficient
du tarif minimum, comme le blé, l'avoine, l'orge, l'huile, le vin,
prennent le chemin de la Métropole, à ce point que l'exportation
du vin tunisien en France représente 99 p. 100 de la récolte.

Nous avons donné un aperçu sommaire du rôle qui incombait
à la Métropole dans le parachèvement de son action en matière
agricole et économique. Pour que l'œuvre colonisatrice soit complète, il nous reste à accomplir ce que, dans sa politique égoïste,
Rome a négligé de faire, et ce qu'on lui a reproché de n'avoir
point fait : je veux parler de la conquête morale des indigènes.
M. Gaston Boissier a écrit là-dessus de bien belles pages, et il
en arrive à cette conclusion : c'est que, dans le cataclysme qui a
bouleversé l'Afrique du Nord, dans cette mêlée des peuples où
sombra la civilisation romaine, c'est l'élément berbère qui a sur-
vécu, et, au lieu d'avoir été submergé, c'est lui qui a submergé
les autres. Et il ajoute : Il y a là pour nous un enseignement à
retenir. C'est assez dire que si, manquant à son devoir, le gouvernement impérial se désintéressa absolument du progrès
moral des individus, de l'évolution intellectuelle et sociale des
Berbères et des Liby-Phéniciens, s'il négligea de démontrer aux
habitants de l'Afrique du Nord l'excellence de sa civilisation et la
supériorité de ses coutumes sur leurs usages traditionnels, nous
avons, nous, surtout en présence des convoitises et des agisse-
ments du dehors, à faire pénétrer plus avant notre influence
dans les milieux indigènes, à nous attacher leurs sympathies,
pour que notre œuvre de colonisation, enfonçant ses racines au
cœur même du sol, n'ait rien d'artificiel, d'instable ou d'éphémère. Nous considérons comme une utopie de croire qu'il soit
jamais possible de s'assimiler, au sens propre du mot, les indigènes, mais nous pouvons agir plus profondément sur eux par
l'école, et par nos maîtres, qui sont les agents les plus qualifiés
de l'influence française.

A ce point de vue, la marche en avant est indéniable, témoin
la statistique comparative des élèves qui fréquentent les écoles
publiques et privées de la Régence. Il y a dix ans (1890), le chiffre
des élèves était de 10 745, soit 7 109 garçons et 3 636 filles. En
1898, nous avons 10 705 garçons et 6 536 filles, au total 16 241

élèves, ce qui, pour une période de moins de dix ans, donne une augmentation de 5 500 élèves. Enfin, dans ce même laps de temps, le nombre des écoles, qui était en 1890 de 77, est passé à 113, et dans 40 environ d'entre elles, l'instituteur est en même temps chargé du service télégraphique.

Nous avons tenu, en terminant, à bien mettre en relief ces chiffres si suggestifs et qui démontrent surabondamment que les indigènes deviennent de plus en plus accessibles à notre influence, puisqu'ils envoient leurs enfants de plus en plus nombreux dans nos écoles [1]. Il y a donc un grand progrès réalisé au point de vue de la colonisation, qui ne doit pas viser seulement à l'amélioration matérielle des populations indigènes, à la sauvegarde de leurs intérêts agricoles, commerciaux et économiques, mais qui doit être avant tout une conquête morale, une fusion, une union, qui ne peut s'opérer que par la pénétration mutuelle des protecteurs et des protégés.

Grenoble, 1er juin 1900.

R. REY,
Agrégé d'histoire,
Inspecteur d'Académie à Grenoble.

1. En 1890, il y avait dans les écoles publiques et privées de la Tunisie une population scolaire ainsi répartie par nationalité :

| | |
|---|---:|
| Israélites | 3 733 |
| Français | 1 494 |
| Italiens | 1 730 |
| Maltais | 1 394 |
| Musulmans | 2 471 |
| Divers | 169 |
| Total | 10 991 |

En 1898-1899 :

| | |
|---|---:|
| Musulmans | 3 731 |
| Israélites | 4 530 |
| Italiens | 3 289 |
| Français | 3 062 |
| Maltais | 1 502 |
| Divers | 251 |
| Total | 16 365 |

C'est donc 1260 enfants indigènes que nous avons gagnés en moins de 10 ans.

# TABLE DES MATIÈRES

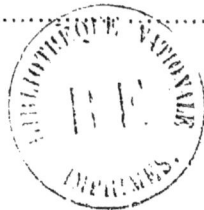

Coulommiers. — Imp. Paul BRODARD. — 1217-1900.

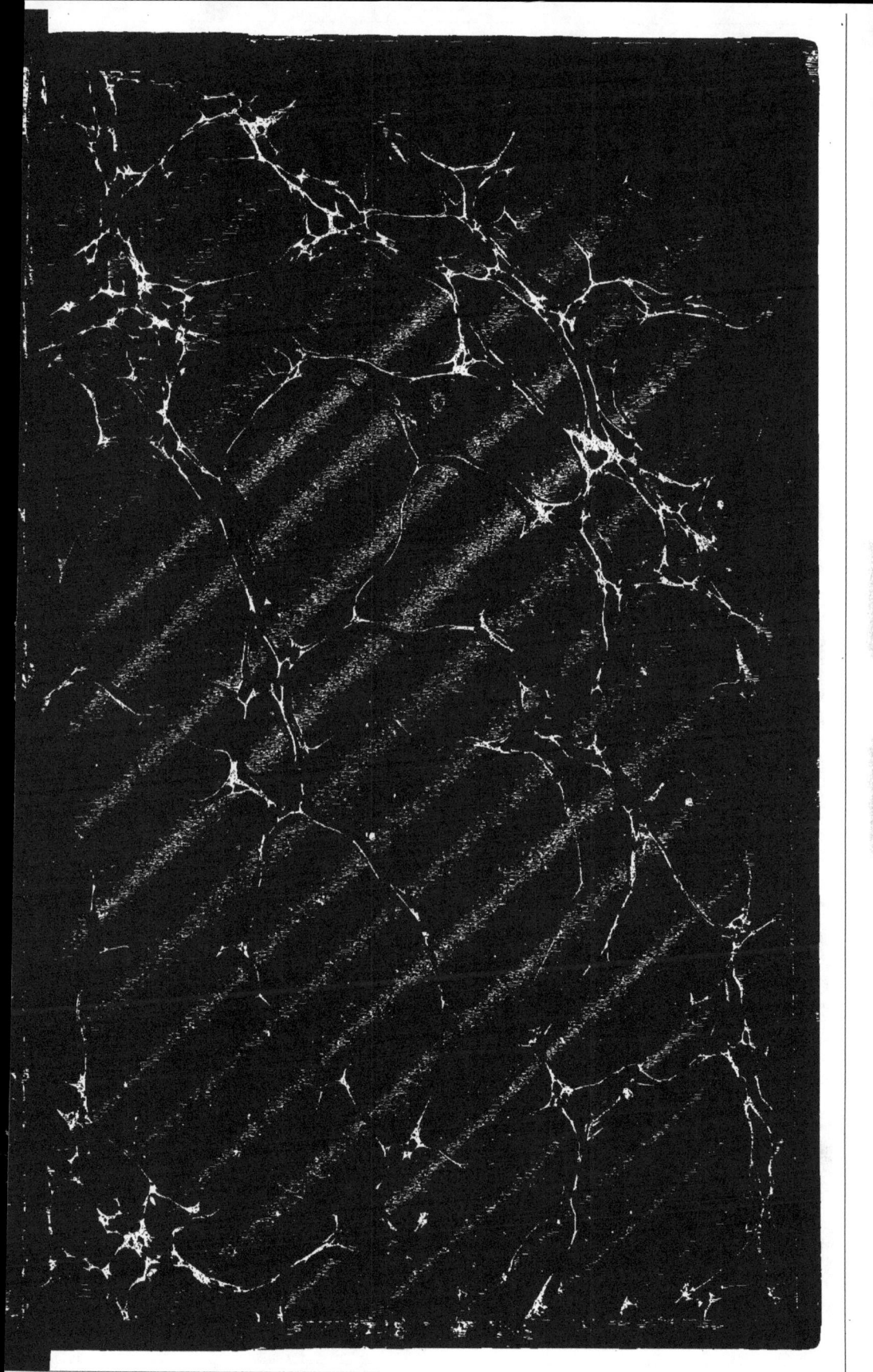